기계비평들

전치형
김성은
임태훈
김성원
장병극
강부원
언메이크 랩

wo
rk

ro
om

우리는 이미 오랜 세월을 기계에 맞추어, 기계화된 채로
살아왔기 때문에 발달한 기계 때문에 멸망할 인간은 없다.
기계 바깥에는 어떤 인간도 존재하지 않기 때문이다. 문제는
사람들이 그런 사실을 인정하지 않는다는 것이다.

이영준, 「정신병으로서의 급발진」,
『공동진화: 사이버네틱스에서 포스트휴먼』,
백남준아트센터, 2017, 39쪽.

서문
기계를 구해야 합니다

고장 난 기계는 무엇을 말하는가? 그 기계는 잘못이 없다. 그때 사고 현장에 있던 사람과 사물 모두에게 변론의 기회가 보장된다면, 누군가는 그 쇳덩이의 편에서 사리를 따져야 마땅하다.

전체에 대한 통찰 없이는 기계가 무엇을 말하고 있는지 알 수 없다. 모든 기계는 기계의 기계다. 기계는 사람이나 사회와 마찬가지로 외따로 유리된 채 작동하지 않는다. 그 사실을 깨닫는 건 어려운 일이 아니다. 하지만 기계에 대한 무지와 무식은 어디에나 만연하다.

사회는 기계들의 온전한 연결과 작동을 위해 책임져야 할 일이 많다. 그러나 우리 사회엔 이 책임에서 도망치려는 적극적 면피 전략이 흔하다. 돈과 관련된 사안일수록 더욱 집요하고 필사적이며 즉각적이다. 고장 난 기계는 고장 날 수밖에 없는 이유가 있다. 고장 난 부분은 천차만별일지라도, 궁극적인 원인을 캐물으면 공통된 이유가 등장한다. 기계와 기계 사이에 흘러야 할 돈의 부재, 기계가 필요로 하는 사람을 안정적으로 고용할 돈의 결핍, 사람과 기계를 위해 마땅히 필요한 유무형의 제도와 장치들이 경제성을 이유로 폐기되거나 불필요한 것으로 격하된 결과다.

이 사실을 사회에 알리는 알람이 이 순간에도 연발하는 기계 고장이다. 이 경고를 듣고도 모른 척하거나 어쩔 수 없는 일 취급하는 건 누구일까? 기계비평은 이 질문과 대면하길 마다하지 않아야 한다. 이것은 이 책에 모인 필자들의 공통된 문제의식이자, 우리가 이영준의 기계비평에서 가장 뜨겁게 공명한 지점이기도 하다.

'기계비평'이라는 공부법
이영준의 기계비평은 크게 세 줄기다. 고장 나거나 사고 난

기계에 대한 비평, 고장이 예견되는 기계에 대한 비평, 고장 난
채로 작동되는 기계가 정상 취급받는 세태에 대한 비평이다.
첫 번째 경우의 이영준은 비극 작가이고, 두 번째에선 발
빠른 저널리스트이며, 세 번째는 인기가 있을 리 없는
코미디언이다.

어떤 계열의 기계비평이든 이영준은 전문가라기보다는
아마추어를 자처한다. 나라 안팎의 온갖 기계를 찾아다니는
그의 모습은 호기심을 주체하지 못하는 유치원생을 닮았다.
천진하기 짝이 없는 눈으로 기계를 관찰하며 공부를 도와줄
선생을 찾는다. 열차와 유조선을 쫓아 산과 바다로 쉴 새 없이
움직이는 일에도 망설임이 없다.

비평은 아는 것을 자족하는 제자리걸음이 아니라,
모르는 것이 무엇인지 질문하는 일이다. 제때, 제자리에
도착하지 못한 질문을 재촉하고, 질문받았으나 모두가
외면하는 문제를 누구보다 신실하게 고민하는 이의 자리는
다름 아닌 아마추어의 영토 안에 있다. 그렇기에 비평은
누구나 할 수 있다. 우리 생활 어디에나 있는 기계 역시
비평의 대상으로 당연하고 소중하다. 질문할 용기를 억누를
필요 없다. 모르는 것을 대면하는 일의 즐거움을 흔하게
누릴 수 있어야 한다. 기계비평은 학제적인 경계나 구획된
탐구 영역에 갇힌 글쓰기가 아니다. 우리 삶과 세계를 빼꼭히
채운 기계와 기계들의 질서를 궁구하여 더 나은 삶의 실천에
닿고자 하는 노력이다.

기계비평은 4차 산업혁명 운운하며 자본의 대세를
좇는 일과는 관계가 없다. 초독점 기업에 혜택을 몰아주려는
음흉한 구조 조정 담론에 말을 보태느니, 시장에서 퇴출당한
기계와 노동의 자리를 가능한 한 오래도록 기억하고 복원할
방법을 찾아야 한다. 섣불리 미래를 말하기 전에 현재의
부글거리는 임계점에서, 사람과 사물의 온갖 연결망이
선용되지 못하는 이유를 물어야 한다.

다시 강조하건대, 이것은 누구나 할 수 있는 일이다.
고장 난 스마트폰을 고치는 일에는 무력한 공부일 수 있으나,

통신사 약정 만료 기간이 닥칠 때마다 이상이 생기는 이 기계의 계획적 진부화(計劃的 陳腐化)에 무던하지 않도록 화를 낼 용기를 북돋아준다.

시장에서 회전율을 압박당하며 돈을 실어 나르는 일을 강요받고 있는 건 사람이나 기계나 마찬가지다. 이들의 고유한 기능과 잠재성이 무엇이건 상관없이 기업과 투자자들은 돈을 빨리 받는 일을 우선시한다. 이들이 강요하는 시간과 속도는 사람은커녕 기계에도 파괴적이다. 금융업계에선 경쟁 우위를 차지해 수익을 극대화하기 위한 거래 결정을 100만 분의 1초인 마이크로초(μs) 안에 내린다. 100만 분의 1초는 감정, 공감, 사유, 연대의 시간이 아니다. 행복한 공부는 무엇인가를 배우고 익힐 뿐만 아니라, 우리 스스로 시간의 주인으로 살면서 공부의 대상에 따라 느리거나 빨라지는 생각의 속도를 즐기는 일이다. 이런 자유가 우리 시대에 급격하게 희박해지고 있음을 경계해야 한다.

다들 밥벌이에 힘들다고 말한다. 다른 데 집중할 여유가 없는 것도 당연하다. 우리들의 노동은 고될 뿐 아니라 제값을 받지 못하고 있다. 내 밥벌이에 주어져야 할 정당한 대가를 건물주나 금융 회사에 뺏기고 있으니 노동이 좀처럼 삶의 희망이 되지 못한다. 그럼에도 작은 시간을 떼어 불가능할 것만 같았던 행복한 공부를 실험해야 한다. 이를테면 내 시간을 옭아매고 있지만 빼앗길까 두렵기도 한, 노동의 도구에 관한 생각부터 시작할 수 있다. 천천히 관찰하고 읽고 쓰는 구식 공부법은 여전히 쓸모가 있다.

기계비평은 자본의 힘에 휩쓸려 살지 않으려는 시민 됨의 공부법이 될 수 있다. 이 책의 핵심 목표는 그 공부를 위한 예제집이 되는 것이다.

악순환의 문

모든 기계의 기초는 문(門)이다. 기계마다 형상과 질료의 차이는 다양하지만, '문'이라는 존재론적 바탕을 벗어나지 않는다. 문은 유무형의 온갖 것들이 들고나는 통로이면서,

다르거나 비슷한 것들을 연결하거나 단절하는 접점이기도 하다. 그렇기에 복잡한 기계는 복잡한 문들의 회로가 중첩된 것이며, 고정된 채 불변하는 것이 아니라 유동하는 변화의 총체다.

문의 개폐에 따라 흐름은 끊어지거나 분리된다. 어떤 기계에 붙좇아 따르는 특유의 리듬과 속도는 열고 닫힘의 주기와 밀접한 관계가 있다. 전기, 소리, 공기, 열, 전파, 직선 운동과 원운동, 회전 에너지와 추력, 감정, 언어 등등 온갖 힘이 기계라는 문을 넘나들며 매개되면서 매개한다.

인간의 몸도 기계다. 자연 역시 기계와 이분법적으로 분리된 영역이 아니라 기계들의 거대한 접속으로 이루어져 있다. 사람과 기계 장치의 관계 역시 대립적일 수 없다. 인공적인 기계는 인간의 자리가 필요하다. 무인화, 자동화된 최첨단 시설마저 인간의 직간접적 역할에서 유리되어 있지 않다. 다만 기계가 필요로 하는 인간 자리의 총량, 기계와 인간 사이의 멀고 가까움, 책임과 역할의 배분이 다를 뿐이다.

지난 200백 년 동안 이 배치의 가장 강력한 조정자가 자본주의다. 자본주의와 시장 경제 체제는 기계 발전을 촉진하고 에너지와 재화의 합리적 활용과 배분에 이바지할 수 있다. 그래서 기계들의 세계를 이해하는 문제를 두고 자본주의를 악마시한다거나, 자본주의에 오염되지 않은 이상적인 시대가 있었음을 상상하는 것은 부질없는 일이다. 자본주의와 기계는 대립적이기보다는 구분 불가능할 정도로 뒤섞인 카오스모스이기 때문이다.

환부는 정확히 지적되어야 한다. 자본주의의 가장 탐욕스러운 부분, 약탈적 금융이 문제다. 금융 메커니즘에 따라 주체와 시장과 사회를 구성하고 개입하는 금융 통치성(financial governmentality)은 인간을 포함한 모든 기계를 예속과 종속 관계에 몰아넣고 있다. 금융 권력의 이해관계에 따라 어떤 문은 닫힌 뒤에 열릴 줄 모르고, 어떤 문으로는 에너지와 부의 독점이 끝도 없이 이어진다. 금융 권력의 가장 무서운 무기는 돈과 시간이다. 금융의 가속된 시간이 모든 삶의 가능성을 압도하고 있다. 지구 전체가 금융이 기획한 타임라인에 포획돼 수익을 내는 일에 소모당한다. 다른 가능성의 시간은 형편없이 말라붙었다. 그 해악은 지구라는 기계권(機械圈) 전체를 거덜 낼 만큼 치명적이다.

떠미는 힘에 밀려 살아가지 않으려면 이 세계에서 어떻게 싸워야 할까? 19세기 방적 노동자들의 러다이트 운동(Luddite Movement)은 궁극적으로 반자본주의 운동이었다. 러다이트 운동가들은 일자리를 뺏은 신식 기계를 부쉈지만, 동시에 그 기계를 직접적인 커뮤니케이션 도구로 재발명했다. 러다이트는 신기술에 대한 야만적인 반동이 아니라 급진적인 미디어 실천이기도 했다. 부서지고 고장 난 기계는 노동자와 공생하지 않는 경제를 거부하는 저항의 메시지였다.

20세기를 지나 21세기를 사는 지금도 세상은 크게 달라지지 않았다. 약탈적 금융 자본주의의 시험대가 된 한국 사회는 단연 최악이다. 이 시각에도 철탑에 올라 농성 중인 노동자들은 무엇을 주장하고 있을까? 탐욕스러운 금융 자본에 장악된 기계들의 틈바구니에서 인간다운 삶의 존엄을 회복하려는 필사적인 탈출구 만들기를 이 사회는 무시하고 있다.

금융 권력은 인간을 재무제표의 숫자로 취급한다. 기업의 사회적 역할이나 공공성보다는 투자자들의 부를 증대하는 일을 최우선시한다. 이 기조에 날개를 달아준 신자유주의는 시장만이 아니라 사회 전체를 금융화시켰다. 정규직 인간은 줄고 비정규직 인간은 늘었다. 수익은 안 되고 비용은 많이 드는 위험 관리는 외주의 외주, 하청의 하청을 줘서 면피하듯 해결했다. 정부와 공기업도 예외가 아니었다. 사회 안전망은 황폐해졌고, 각자도생의 삶에 지친 젊은이들은 결혼도 출산도 피하게 됐다.

304명의 목숨을 앗아간 세월호 사건, 19살 비정규직 노동자의 생명을 앗아간 구의역 스크린도어 사건 역시 생명과 안전을 위해 일할 노동의 자리를 소홀히 했기 때문에 벌어진 참사였다. 사람을 살릴 자리에서, 그 일을 할 수 있는 사람이 일하려면, 돈이 합리적으로 쓰여야 한다. 하지만 금융 권력이 생각하는 합리성은 투자자의 입장을 우선시한다. 안전이 뒷순위로 밀릴수록 기계 고장, 사고 가능성은 커진다.

지난 2018년 12월 11일에 충남 태안발전소에서 비참한 사고가 일어났다. 스물다섯 살 비정규직 노동자의 피를 뒤집어쓰고도 발전소 컨베이어벨트는 무심히 석탄을 날랐다고 한다. 24시간 가동되는 설비였다. 고 김용균의 시신은 머리와 몸이 분리된 채 여섯 시간 이상 사고 현장에 방치됐다.

안전을 위해 2인 1조 근무가 원칙이었으나 하청 업체 직원이었던 김용균은 혼자 일할 수밖에 없었다. 그렇게 회사는 비용을 절감했다. 위험하고 고된 일터였지만 최선을 다하고자 노력했던 젊은이였다. 사고가 있던 날도 이상이 생긴 기계를 자세히 살피다 변을 당했다. 누구든 그의 곁에 있었다면 죽지 않을 수 있었다. 하다못해 현장에 CCTV라도 설치되어 있었다면 사망 시각이라도 정확히 알 수 있었을 것이다. 그 모든 조건이 비용 절감을 위해 생략됐다. 돈을 아껴 사람을 죽였다.

같은 해 11월 24일에 벌어진 KT 통신망 화재 사건도 비용 절감이 불러들인 파국이었다. KT 아현지사 통신구에서 불이 나 지하 1층 통신구 약 79미터가 소실됐다. 150미터 통신구 중 고작 79미터가 불에 탔을 뿐이지만, 통신실 지하 2미터 아래 매설된 16만 8000회선의 유선 회로와 광케이블 220조 가닥에 불이 붙으면서 총 14개 동의 인터넷과 통신이 모두 끊겼다. 통신 장애의 여파로 금융 서비스가 심각한 장애를 겪었다. 카드 결제가 불통이 되면서 이 지역 상가의 피해가 극심했다.

통신망 복구에 투입된 인력은 외주 업체 비정규직 노동자들이었다. 국가 기간 통신망을 운영하는 KT에는 이 일을 할 수 있는 정규직 노동자가 없다. 2002년 민영화 이후 KT는 인력 감축을 진행했다. 민영화 직전인 2001년 12월 기준 직원 수는 4만 4094명이었으나, 2017년 12월에는 2만 3817명으로 절반 가까이 줄었다. 통신 선로를 설치하는 직원도 감축 대상이었다.

12월 8일에 있었던 강릉선 KTX 열차 탈선 사고도 정비 인력 축소와 외주화가 원인 중 하나였다. 승객 198명을 태운 열차가 탈선해서 기관차 등 앞 차량이 T자 모양으로 꺾이고 열차 10량 모두 선로를 이탈하는 대형 사고였다. 유지·보수 인력과 예산은 줄고 그 빈틈을 값싸게 쓸 수 있는 외주 인력으로 메꾼 상황에서 이런 사고는 언제든 반복될 수 있다.

앞선 11월 20일에도 충북 오송역에서 KTX 열차의 전기 공급이 중단돼 KTX 경부선과 호남선 등 120여 대 운행이 지연되는 일이 있었다. 5만 명 넘는 승객들이 불편을 겪었다. 이 많은 사람의 일과를 망쳐놓고도 누군가는 비용 감축의 수혜를 누리며 돈을 벌었다.

12월 4일에는 고양시 백석역 인근 열 배관이 터지면서 42명의 사상자가 발생했다. 인근 아파트 단지 2800여 세대도 한파 속에 난방과 온수가 끊겨 불편을 겪었다. 1991년에 매설된 27년 된 노후 배관이었다. 사고가 충분히 예측된 상황이었다. 그런데도 여태 뭘 했을까?

전국에 묻혀 있는 길이 2164킬로미터 배관 중 20년 이상 사용한 배관은 전체의 1/3인 686킬로미터에 달한다. 이명박 정부 시절에 만든 4대강 자전거 길의 길이가 633킬로미터다. 이 길을 조성하는 데만 860억 원이 들었다. 4대강 공사 전체에는 22조 원을 쏟아부었다. 이 돈으로 노후 배관 문제를 착실히 해결했다면 42명의 사상자는 생기지 않았을 것이다.

이 모든 사건이 이 책을 마무리하는 2018년 겨울 두 달 사이에 벌어졌다. 문제의 원인은 짧게는 10년 전, 길게는 30년 전의 패착에서 비롯됐다. 비슷한 사건이 앞으로도 벌어질 게 당연하다. 정부는 공공성과 사회 안전을 지탱하는 기계들이 금융화에 휘둘리지 않게끔 즉각적인 조치를 실행해야 한다. 비정규직을 갈아 넣어 유지하는 안전은 러시안룰렛처럼 위태로운 쇼에 불과하다. 노동자가 제대로 된 일터에서 자부심을 품고 일할 때, 기계 역시 최상의 상태를 유지할 수 있다.

인공적 기계는 인간의 외부화된 장기이며 그 역도 성립한다. 고장 난 기계, 사고 난 기계는 인간과 기계 사이의 대사(metabolism)가 무엇이어야 했는가를 묻는다. 숨을 쉬는 일조차 공기청정기와 가습기, 환풍기의 도움을 받는 시대다. 태어나서 죽을 때까지, 먹고 입고 움직이고 사랑하는 순간마다 기계와 어우러지는 것이 우리의 일상이다. 이영준의 말 그대로, 기계 바깥에는 어떤 인간도 존재하지 않는다. 우리 사회의 문제를 해결하기 위한 첫걸음도 기계 속의 우리를 성찰하는 일에서 시작할 수밖에 없다.

기계기는 계속된다

이영준의 『기계비평』(2006)이 발간되고 12년이 흘렀다. 그사이 기계 문화는 엄청난 변화를 겪었다. 2007년에 아이폰 1세대 모델이 출시됐고, 곧이어 폭발적인 스마트폰 붐이 전 세계로 퍼졌다. 『기계비평』이 펼력한 디젤기관차나 KTX보다 몇 배나 빠른 최고 속도 시속 1200킬로미터의 하이퍼루프가 실용화를 목표로 개발되고 있고, 골리앗 크레인과 유조선, 컨테이너 등의 거대 기계가 즐비한 조선소와 항구의 풍경은 경제 위기를 겪으며 황폐해지고 있다. 불과 12년밖에 지나지 않았음에도, 이 책에 담긴 테크노스케이프는 애잔한 추억마저 느끼게 한다.

여전히 변하지 않은 것도 있다. 한국 사회의 속도 중독은 더 고질화했다. 이영준이 『기계비평』에서 내린 다음과 같은 진단은 오늘날에도 유효하고 소중하다.

동시대 한국의 문화 현상은 속도를 조절하는 다양한 기제들에 영향을 받고 있으며, 문화 현상의 의미도 어떤 속도에 처하느냐에 따라 다르게 해석되고 있다. 세계 최고 수준을 자랑하는 인터넷, 고속 전철, 퀵서비스 등 한국의 삶은 점점 빨라지는 속도에 의해 지배당하고 있다.

이에 따라서 사람들의 심리도 점점 강박적으로 속도를 추구하고 있다. 문제는 이런 속도에 대해 비판적 성찰이 없다는 것이다.(102쪽)

한국인으로 산다는 것은 세대와 계급, 성별에 상관없이 무지막지한 속도 강박에 적응하는 과정이다. 일평생 수많은 기계를 다루는 법을 배워야 한다. 기능과 용도는 달라도 속도 중독의 예외일 수 있는 것들은 소수다. 예를 들어, 자동차 액셀 페달을 밟는 일과 스마트폰의 디스플레이 화면을 누르는 일은 다르지 않다. 그것이 자의에 의해서든 타의에 의해서든, 어느 쪽인지 쉽게 분간되지 않는 힘에 추동되어서든, 목표 대상에 재빨리 닿아 임무를 완수하려는 조작법이다. 이 움직임은 놀랍도록 돈의 흐름을 닮았다. 돈의 회로가 촘촘히 중첩되고 활성화된 곳일수록 속도에 대한 극단적 요구, 그 일을 수행할 능력이 있는 기계와 인간에 대한 수요가 집중된다.

부모 이상으로 아이들의 성장 발달 단계에 결정적 영향을 끼치는 것은 기계다. 지금 이 시대의 아이들은 인터넷이 없는 시대를 살아본 적이 없다. 2000년 이후에 태어나 아직 성년이 되지 않은 청소년들에게 인터넷은 해와, 달, 공기처럼 생존의 필수 불가결한 환경이다. 스마트폰은 귀나 코, 입처럼 우리 몸의 궤도를 벗어나선 안 될 합성 장기의 일종이다. 알파고가 이세돌을 이기는 광경을 실시간으로 시청했고, 앞으로는 코딩을 꼭 배워야 AI와의 직업 경쟁에서 지지 않는다는 잔소리에 시달리고 있다. 부모들은 이 시대의 변화 방향과 속도에 반대할 힘을 아이들에게 가르치기보다는, 어떻게든 현실에 적응시키려 노력한다. 돌이켜보면 그들도 그렇게 자랐기 때문이다. 세상을 지배하는 돈의 권력에 장악된 기계에 길들기는 그들도 마찬가지였다.

이영준은 『기계비평』의 에필로그인 「기계기의 형성과 부침: 내가 기계비평가가 되기까지」에서 구강기, 항문기, 남근기, 잠복기, 생식기 등의 프로이트 정신분석학의 용어를 패러디해 '기계기(器械期)'라는 개념을 선보였다. 그의 정의에 따르면 "기계의 효용이나 매력이 인간의 심리적, 신체적 존재 속에 각인되어 인성의 중요한 부분으로 자리 잡는 기간"이 기계기라고 한다. 1961년생인 그의 첫 번째 기계기는 3~5세 시절이었다. 그에게 기계기는 잠복기와 활성기를 오르내리는 강도 차이를 겪긴 했어도 중단된 적 없는 성장 과정의 연속이었다. 이것은 이영준만의 경험일 리 없다. 이 세계의 인간은 누구나 기계기를 반복하며, 시대와 사회가 요구하는 특유의 인간형으로 성장한다.

「기계기의 형성과 부침」은 반세기 가까운 삶의 이력을 기계에 대한 애착 체험을 중심으로 정리했다. 우여곡절 끝에 기계비평가가 되었다는 이 글의 결말은 해피엔딩이다. 처음 이 책을 읽었을 때의 상쾌한 충격도 잊을 수가 없다. 이런 재기 발랄한 작업이 한국 비평계에서 시도된다는 것이 기뻤다. 이 책의 필자들도 같은 마음이었을 것이다. 우리도 이런 책을 만들고 싶었다. 하지만 우리는 이 시대의 기계 문화를 이야기하면서 함부로 웃을 수 없다. 『기계비평』을 처음 읽을 때 느꼈던 치기 어린 흥분도 잠잠해진 지 오래다. 『기계비평』이 출간된 2006년 이후 현재까지의 기계 문화의 이력을 이영준의 스타일을 빌려 써도 해피엔딩일 수 있을까? 자꾸만 비장해지는 마음을 억누를 수 없는 것은 무엇보다도 2014년의 세월호 침몰 사고를 생각해야 하기 때문이다.

이 책의 필자들이 합심하여 낸 『기계비평들』은 이영준의 『기계비평』을 향한 헌정이면서, 2010년대 한국 기계 문화에 대한 뼈아픈 진단을 담고 있다. 단언컨대 지금은 인간도 기계도 처절히 실패하고 있는 시대다. 이렇게 살아가는 것을 긍정해선 안 된다. 이 시대의 아이들이 겪게 될 기계기는 달라져야 한다.

이 책의 첫 글은 세월호 기계비평이어야 했다. 전치형의 「고립된 배: 세월호라는 기계를 어떻게 해석할 것인가」는 세월호 침몰 사고를 교통사고가 아니라 재난으로 인식해야 하는 이유를 이야기한다. 교통사고는 절차를 따른 후 종결을 선언할 수 있지만, 재난은 종결 지점이 명확하지 않다.

종결되더라도 그것은 재난 이전의 상태, 일상으로 돌아가는 것이 아니다. 재난을 겪으면서 한 사회는 과거와 다른 새로운 상태로 진입한다. '재난'으로서의 세월호는 한국 사회를 탈바꿈함으로써만 대응할 수 있다. 세월호 침몰 사고에는 한국 사회의 병폐가 집약되어 있다. 이 나라가 아이들을 안전히 기를 수 없는 수준 미달의 위험 사회라는 것이 만천하에 폭로된 사건이었다. 세월호가 침몰하고, 아이들조차 구조할 수 없었던 겹겹의 무능은 대한민국을 구성하는 정치, 경제, 사회, 문화의 맥락들과 무관하지 않았다. 박근혜 정부로 대표되는 정치에 대한 불신만큼이나 기계에 대한 신뢰도도 바닥에 떨어졌다. 사회의 공공성을 지탱하는 기계에 대한 불안과 의심은 갈수록 깊어간다.

김성은의 「수리공은 왜 선로 안쪽에 들어가야만 했나?: 구의역 사고의 내러티브와 기계비평」은 구의역 사고의 복잡한 맥락을 '외주화에 의한 타살'이라는 단순한 인과 관계에 밀어 넣는 것에 반대하는 글이다. 이 글은 위험 외주화라는 문제 제기의 큰 틀에 반대하지 않지만, 이 사건을 둘러싼 두터운 내러티브 속에서 발생하는 질문의 연쇄 작용에 귀를 기울일 것을 강조한다. 김성은은 그날 사고의 원인을 물리적 마찰력, 사회조직적 마찰력, 경제적 마찰력으로 분절해 살펴본다. 장애물검지센서, 지하철 운영 시스템, 고정된 광고판을 포함한 사건의 내러티브는 피해자의 사망을 더 폭넓은 방식으로 조명한다. 이 글의 문제의식과 방법론이 태안발전소 고 김용균 사건에 대한 우리 사회의 반성과 대책을 고민하는 일에도 닿을 수 있길 바란다.

임태훈의 「노량진 학습 유충의 테크노스케이프」는 경쟁률이 244.7 대 1에 달하는 공무원 시험 쏠림 현상에 대한 비평이면서, 노트북과 스마트폰에 머리를 파묻고 인터넷 강의를 수강하는 수험생의 삶에 대한 분석을 담았다. '학습 유충'이라는 단어는 1964년에 뉴욕세계박람회에 전시된 자동화된 학습 기계 모델에 대한 루이스 멈포드의 비판에서 따왔다. 『기계의 신화(The Myth of the Machine)』(1967)의 저자에게 이 기계는 가장 음흉하고 악랄한 통제 장치로 보였다. 불행히도 이 기계는 21세기 한국 사회에서 전성기를 맞이했다. 임태훈은 단기펜, 쫙펜 등으로 대표되는 에듀테크 시장의 최신 트렌드를 비판하면서, '학습 노동자'로서의 각성을 공시생들에게 촉구한다. 인구 절벽, 지역 격차, 성차별, 학력 차별, 비정규직 확산, 중산층 붕괴, 악순환하는 성장과 분배의 구조, 청년 실업 등의 온갖 문제가 공무원 시험 쏠림 현상에 집약되어 있다. 에듀테크 산업과 공시 시장에 착취당하는 숙주 신세에서 벗어나려면 공무원 시험 합격에만 매달릴 것이 아니라, 일자리 정책에 실패한 정부의 무능과 무책임을 벌하고 책임과 보상을 요구해야 한다. 공무원 채용 규모를 늘린다거나 시험 제도를 개선하는 수준에서 면피할 수 있는 일이 아니다.

그렇다면 대체 어떻게 싸워야 할까? 그동안 다들 어떻게 싸워왔던 것일까? 박근혜 정부를 무너뜨린 평화로운 촛불 시위만이 최선일까? 정말 이것만으로 세상을 바꿀 수 있을까?

이 책을 마무리하는 시점에 프랑스의 '노란 조끼(Gilets Jaunes)' 시위 소식을 접했다. 유류세 인상 반대 및 높아진 생활비를 항의하는 12만 명의 시위대가 마크롱 퇴진 구호를 외쳤다. 한국의 촛불과 달리 이 시위는 파리를 불바다로 만들 만큼 폭력적이었다. 경찰의 시위 진압 과정도 과격해서 파리는 내전을 방불케 하는 대혼란에 빠졌다. 1968년 이후 프랑스가 겪은 가장 격렬한 시위다.

촛불 이후에도 세상은 달라진 게 없다고 한탄하는 이들에게 프랑스 '노란 조끼'의 투쟁 방식은 우리 사회가 가까스로 참아냈던 임계점이 무엇이었는지를 재평가하게 한다. 촛불은 끝난 게 아니라 훨씬 더 급진적인 방향으로 끓어오르고 있는 것이 아닐까? 누군가에게는 파국, 누군가에게는 혁명이라 불릴 임계 돌파의 순간은 어떻게 도래할 것인가? 작용과 반작용의 원리를 따를 것이다. 지금보다 더 나쁜 사회를 불러들일 제도와 정책은 그에 순응할 수 없는 사람들의 한층 강력한 저항을 격발시킬 것이다.

김성원의 「저항을 위한 무기의 잊힌 기억」은 1987년 6월 항쟁의 한복판, 시위대의 손에 들린 돌에서부터 이 문제를 생각한다. 이 글은 기술 문화 비평만이 아니라 근현대의 시민운동사를 연구하는 연구자들에게조차 금기시됐던 기계에 관한 이야기다. 거대한 폭력에 저항하는 이들이 손에 잡아 든 무기에 대해 말하는 것은 아직도 위험하고 민감한 주제다. 이 글에는 돌, 몰로토프 칵테일(화염병), 페달 펌프로 만든 화염방사기, 박카스 병 사제 폭탄, 민주박격포가 시위대의 손에서 발명되어야 했던 맥락을 복원한다. 이 기술은 이른바 운동권 계열에서조차 철저히 잊혔고, 치부로 취급하는 이들도 많다.

역설적이게도 이 시절의 무기에 대한 기억을 더듬어갈수록 국가 권력의 무지막지한 폭력의 기억도 선명해진다. 정권의 폭력은 국민을 상대하는 방식이 아니었다. 박멸, 절멸해야 할 전염병 세균이나 들짐승 사냥에 가까웠다. 1980년 광주에는 공수부대가 투입되어 참담한 도륙을 벌였고, 시위대를 진압하는 경찰의 전술 역시 1990년대 중반까지 잔악하기 그지없었다. 이제 엄혹했던 시절은 지났고 무기에 무기로 대항하는 일도 없어진 것일까? 2009년 용산 참사와 같은 일은 이제는 없는 걸까? 우리는 정말로 그러한 시대를 사는 걸까? 김성원의 이 글을 읽을 독자들과 나누고 싶은 질문이다.

장병극의 「철도, 기대와 기만의 규율적 테크놀로지」는 이영준의 『기계비평』을 향한 정격의 헌정을 담은 글이다. 철도 문화사 연구자인 장병극은 가족사의 이력부터 예사롭지 않다. 조부는 영주 공작창에서 일했고, 부친은 30년간 철도 공무원으로 근무했다. 어릴 때부터 기차와 함께 살았다. 장병극은 이영준이 『기계비평』에서 말했던 '철도 테크놀로지의 불연속성'이라는 개념을 계승한다. 이것은 기억의 단절을 의미한다. 120여 년의 한국 철도 문화에 부재한 기억들을 복원하고 그것들을 연결하는 작업을 위해선, 철도가 이 땅에 처음 등장한 이래로 어떤 기대를 받았고, 그 기대가 어떻게 기대로만 남으며 대중을 기만했는지 남김없이 드러내야 한다. 철도 시스템마저 이해관계에 따라 분할되어 경쟁의 소용돌이로 내몰리고 있는 현실을 분석하기 위해서도, 현실의 정치 경제만이 아니라 근대 이후 줄곧 우리에게 강요된 삶의 방식부터 문제 삼아야 한다. 위기에 처한 철도를 구하는 길과 날로 비참해지는 우리 삶의 형편을 낫게 하는 일은 별개의 과제가 아니다.

강부원의 「항모 민스크호는 왜 테마파크가 되었나: '매뉴얼'의 내러티브와 기술 지배」는 기계에 대한 국가와 자본의 점유가 집중된 '매뉴얼'의 문제에 주목한다. 구소련의 주력 항공순양함이었던 노보로시스크호와 민스크호가 처분되는 과정을 추적하며, 항공모함의 거대한 물성에 맞먹는 매뉴얼의 위상을 분석한다. 모든 기계와 기술은 기능과 원리를 설명하는 매뉴얼의 언어와 사회적 맥락에 얽힌 담론의 언어를 중층에 깔고 있다. 때로는 이러한 언어가 기계의 실체를 압도할 만큼 존재감이 과잉될 때가 있다.

강부원이 항모 민스크호의 해체 과정에서 발견된 매뉴얼을 통해 이 문제를 분석했다면, 언메이크 랩(최빛나, 송수연)의 「제작자, 제작 공간, 운동」은 박근혜 정부 시절의 창조 경제와 4차 산업혁명론에 힘입어 잠시 주목받았다 수그러든 메이커 운동의 허장성세를 비판한다. 언메이크 랩은 국내에서 제작자 운동을 선도했으며, 현재도 쉬지 않고 재기 발랄한 작업을 내놓으며 자가발전 중인 그룹이다. 이들이기 때문에 이 글의 따끔한 지적은 더욱 소중하다. 지난 정부의 정책적 얼개에 제작자 운동이 겨냥되면서, 활동가들의 자생적 활기는 정부의 탑다운 정책에 포획될 때마다 급속하게 소진됐다. 이 글은 정부 정책의 대리 시행사 역할에 멈춘 제작자 운동에 시효 만료를 선언한다. 제작자 운동은 정치적 슬로건에 복무하는 비루한 그림 만들기가 아니기 때문이다.

이 책의 에필로그인 강부원의 「한국 기계비평이 걸어온 길, 그리고 미래」는 2006년 이래 축적된 기계비평에 대한 중간 결산을 정리했다. 기계비평이 그동안 무엇을 성취했는지,

부족한 부분과 향후 과제가 무엇인지 소상히 밝힌 글이다. 이 책에 공명해 또 다른 기계비평의 실험과 도전에 나설 독자에게 어떤 의미로든 도움이 되길 바란다.

우리는 아직 많이 부족하다. 기계비평은 이제 겨우 소년기에 도달했을 뿐이다. 그러니 여러분이 아직 쓰지 않은 글은 찬란하고 뜨거울 것이다. 우리는 그 글을 읽을 기대로 마음이 설렌다. 이 책이 또 다른 기계비평들을 맞이할 마중물이 될 수 있길 바란다.

2010년대의 끝자락에서
필자들을 대표해 임태훈 씀

그런데, 사고를 재구성하는 것은 가능한가? 이 질문은 우연(contingency)을 재구성하는 일이 가능한가 하는 질문으로 연결된다. 사고 자체의 내러티브는 언제나 끝이 열려 있으나(누구도 그 원인의 복잡성을 들여다본 사람이 없으므로), 사고 조사 보고서의 저자성은 결국 그 끝을 닫힌 것으로 보이게 만들어서 트라우마를 치유하려고 한다.

이영준, 「사고조사보고서 읽기: 괌 대한항공 801편 추락 사고의 경우」, 『기계산책자』, 이음, 2012, 281~282쪽.

1073일 만에 바다 위로 떠오른 세월호. 2017년 3월 23일.

전치형
고립된 배: 세월호라는 기계를 어떻게 해석할 것인가[1]

미국의 에세이스트 애덤 굿하트는 2002년에 발표한
'마천루와 비행기'라는 제목의 글에서 한 해 전 9·11 테러
당시 테러리스트들이 납치한 여객기가 세계무역센터 건물에
충돌하기 직전의 순간을 묘사했다. 굿하트에게 그 장면은
마치 "인간이 만든 거대한 두 개의 물체가 죽음의 키스를
나누는" 것처럼 보였다. 라이트형제가 최초의 동력 비행에
성공한 지 100년이 다 되어가던 때, 또 뉴욕시에 높이 200미터
이상의 고층 빌딩이 들어서기 시작한 지 100년이 다 되어가던
때, 그러니까 21세기가 막 시작한 무렵에, 20세기 기술 문명을
상징하는 두 기계가 충돌하고 무너진 것이다. 굿하트는
마천루와 비행기 모두 "금속과 유리로 이루어진 얇은 피부"를
가졌다는 점에서, 또 수많은 사람들을 싣고 있다는 점에서
둘을 서로 닮은 기계라고 보았다.

> 마천루와 비행기: 연약한 용기 안에 담긴 더 연약한 살과
> 피. 우리가 직접 만든 인공적인 껍질—아니, 엄밀히 말해
> 제작에 직접 참여한 것은 극소수뿐이므로 우리가 직접
> 만들었다고는 할 수 없겠지만. 하늘로 향하는 창은 꼭
> 막아놓고 순환 처리한 공기를 쓰는 캡슐. 우리를 낯선
> 이들과 나란히 붙어 있게 하는 벌집. 내키지 않더라도
> 우리가 공중 곡예사처럼 높은 곳에 떠 있게 하고, "나를
> 믿어"라고 속삭이는 장치. 비슷한 방식으로 우리에게

---

[1] 이 글의 전반부는 2014년 10월 카이스트
수요융합포럼에서 구두 발표한 내용과 2015년 4월
'세월호교실' 웹사이트(http://teachsewol.org)에 강의용
슬라이드 자료 형태로 올린 내용을 바탕으로 쓴 것이다.

현대인으로 사는 법을 가르쳐주는 기계들.²

굿하트가 지적한 것처럼, 비행기에 오를 때마다, 엘리베이터를
타고 고층빌딩을 오를 때마다, 우리는 "나를 믿어"라는 기계의
속삭임에 긍정의 대답을 한다. 이것은 목숨을 맡기는 절대적
신뢰이다. 비행기라는 기계, 엘리베이터와 빌딩이라는 기계가
어제 그랬듯이 오늘도 제대로 작동하리라는 강한 믿음의
표현이다. 거의 모든 사람들이 이 기계들을 설계하고 제작하는
데 관여한 바가 없고, 심지어는 그 작동 원리도 이해하지
못하지만, 무슨 이유에서인지 비행기와 빌딩이 자신을 그 안에
품은 채 땅으로 추락하지 않을 것이라고 가정한다. 현대의
기계문명 사회를 사는 사람이라면 누구나 매일매일 확인하고
표출하는 이 신뢰는 어떻게 가능한가?
    목숨을 맡길 정도로 강하게 기계를 신뢰할 수 있는
배경에는 기계를 만들고 다루는 사람에 대한 신뢰가 있다.
이 모든 것을 잘 이해하고 적절한 자격을 갖춘 누군가가 이
기계들을 설계하고 제작했으며, 또 충분한 지식과 경험을
갖춘 누군가가 오늘도 이 기계들을 운영하고, 정비하고,
관리하고 있으리라 생각하기 때문이다. 우리는 또 이 기계를
다루는 사람들의 뒤에 있는 조직과 제도를 암묵적으로
신뢰한다. 기계의 검사, 정비, 수리, 교체가 적절한 시기마다
적절한 정도로 이루어지도록 강제하는 제도를 믿고, 그
제도를 만들고 적용하는 조직의 존재를 믿는다. 기계를
다루는 이들이 지식과 기술과 사명감을 갖추도록 교육하는
학교와 이를 인증하는 기관을 신뢰한다. 또 미리 잘 정의된
조건을 만족시키지 않으면 비행기를 출발시킬 수 없고,
건물에 사람을 입주시킬 수 없도록 하는 온갖 규칙을
인정하고, 그 규칙을 만드는 데 들어간 과학과 공학 지식의
가치를 인정한다. 비행기를 탈 때마다, 빌딩에 들어갈 때마다

---

2   Adam Goodheart, "The Skyscraper and the Airplane,"
The American Scholar, vol.71, no.1, 2002, pp.13-19.

우리는 다 파악할 수도, 다 이해할 수도 없는 이 모든 것들을 신뢰한다. 꼬리에 꼬리를 무는 이 신뢰의 연쇄가 현대인의 일상을 떠받치고 사회를 굴러가게 한다.[3]

안타깝게도 이 신뢰는 종종 고통스러운 방식으로 깨진다. 비행기가 추락하고 건물이 무너질 때, 다리가 무너지고 원자력 발전소가 폭발할 때, 열차가 탈선하고 승강기가 추락할 때 우리는 의식하지 못할 정도로 자연스럽게 믿어왔던 기계에게 배신당했다고 느낀다. 조금 전까지만 해도 기대에 부응하던 기계들이 어느 한순간 우리를 위험으로, 죽음으로 몰아갈 수 있음을 깨닫는 것이다. "나를 믿어"라고 속삭이는 기계 속으로 걸어 들어가면서 현대인으로 산다는 것의 의미를 배우듯이, 바로 그 기계의 실패를 목격하면서 우리는 현대인의 삶이 얼마나 아슬아슬한 것인지를 배운다. 기계의 성공이 하루하루 반복될 때마다 그 기계와 그것을 둘러싼 사람과 조직과 제도에 대한 신뢰가 조금씩 커졌다면, 기계의 실패 혹은 실패한 기계는 애초에 우리가 가졌던 신뢰의 정체를 따져 묻도록 한다. 딱히 근거는 없었던, 막연하면서도 거의 절대적인 그 신뢰의 실체를 의심하게 한다. 그리고 정확히 어디서 그 신뢰의 연쇄가 끊어졌는지 찾도록 만든다. 이 기계는 어디서 실패했는가? 이 실패는 궁극적으로 무엇의 실패인가? 기계의 실패, 즉 서 있을 곳에 제대로 서 있지 못하고, 설계된 대로 움직이지 못하는 기계를 설명하려고 시도할 때 우리는 기계와 그 기계를 둘러싼 사람, 조직, 제도에 대한 입장을 표명하게 된다. 기계를 신뢰할 때 같이 신뢰했던 모든 것들 중 어느 부분에 대한 신뢰를 철회하고, 어느 부분에 대한 신뢰를 유지할 것인가. 이는 곧 기계관의 표현이자 세계관의 표현이고, 때로는 정치적인 입장이 된다.[4]

---

3 Anthony Giddens, *The Consequences of Modernity*, Stanford: Stanford University Press, 1991.

4 Peter Galison, "An Accident of History," in *Atmospheric*

세월호 교통사고론

세월호도 실패한 기계다. 세월호의 침몰은 대형 기계의
실패다. 사람과 화물을 싣고 다음 항구까지 무사히 도달해야
한다는 기본 기능을 수행하는 데 실패했다. 그런데 이 사건은
또 무엇의 실패인가. 혹은 누구의 실패인가. 어떤 종류의
실패인가.

2014년 봄과 여름에 큰 논란이 되었던 '세월호
교통사고론'은 이런 질문들에 대한 하나의 대답으로 해석할 수
있다. "세월호 침몰은 교통사고다"라는 얼핏 보기엔 간단하고
건조한 진술은 세월호라는 기계의 실패에 대한 강력한 정치적
선언이었다. '세월호 교통사고론'의 주창자들은 세월호의
실패를 한 교통 기계의 실패로 규정했고, 한 기계의 실패를
기계 너머로 확대해서 해석하지 말자고 주장한 것이었다.
정치권과 시민사회와 언론에서 그에 대한 비판이 많이
나왔지만 '교통사고론'의 충격을 가장 명확하게 표현한 것은
단원고 2학년 희생자 박성호 군의 누나 박보나 씨였다. 세월호
가족대책위에서 인터넷 모니터링을 맡은 그는 2014년 8월
1일 뉴스K와 한 인터뷰에서 "가장 최악인 건 유족충이다,
유가족이다, 시체장사한다 이런 글보다도, 세월호 사건은 단순
교통사고다, 이게 더 마음이 좀 그렇고"라고 말했다.[5] '세월호
교통사고론'이 제기된 방식과 맥락을 살펴보면 그 후 세월호를
둘러싸고 벌어진 여러 갈등의 단초를 발견할 수 있다.

'세월호 교통사고론'은 희생자 숫자를 가지고 세월호
침몰 사고의 의미를 축소하려는 시도로 시작했다. 2014년
4월 말 김시곤 KBS 보도국장은, "세월호 사고는 300명이
한꺼번에 죽어서 많아 보이지만, 연간 교통사고로 죽는
사람 수를 생각하면 그리 많은 건 아니"라는 식으로 말했다.

Flight in the Twentieth Century, Peter Galison and Alex
Roland (eds.), Dordrecht: Springer, 2000, pp.3-43.

5   국민TV 뉴스K 박보나 씨 인터뷰. 2014년 8월 1일 자.
https://www.youtube.com/watch?v=hQ2k0aZFVRg

세월호 침몰을 교통사고라고 명확하게 규정한 것은 아니지만 그 희생자를 교통사고 사망자 숫자와 비교함으로써 세월호 침몰을 교통사고 통계의 영역 안으로 끌어들이려고 했다. 얼마 지나지 않아 세월호가 교통사고라는 범주 안으로 집어넣어서 다루어야 할 사건이라는 주장들이 등장했다. 2014년 5월 한 서울대 교수는 이메일을 통해 "교통사고에 불과한 일을 가지고 서울대 교수 명의의 성명서를 낸다는 것은 부끄러운 일이라 생각됩니다"라는 의견을 개진했다. 서울대 교수들이 시국선언 등의 형식으로 집단적인 의견을 표현할 만한 가치가 있는 규모나 범주의 일이 아니라는 뜻이었다.[6]

새누리당 의원들은 '세월호 교통사고론'을 하나의 정치적 입장으로 만들어나갔다. 2014년 7월 24일에 열린 새누리당 최고위원회의에서 주호영 당시 정책위의장은 "저희들 기본 입장은 이것이 기본적으로 (…) 사고다. 교통사고다"라고 발언했다. 여기에서 "기본 입장", "기본적으로"와 같은 표현에 주목할 필요가 있다. 세월호 침몰을 해석하고 이에 대응하는 여러 가지 입장이 있겠지만, 침몰 이후 덧붙여진 관점과 감정을 걷어내고 나면 결국 이것은 바다 위를 다니는 교통수단 하나가 운항 중 문제를 일으킨 교통사고라는 것이다. 또 7월 29일에 한 평화방송 인터뷰에서 홍문종 당시 새누리당 의원은 "그냥 교통사고에 불과하다고 말씀드리고 싶지 않습니다만, 일종의 해상 교통사고라고 볼 수 있는 것 아니겠습니까"라고 말했다. 본인도 '교통사고'라는 용어가 사건의 의미를 축소하는 역할을 한다는 것을 알고 있지만,

---

6 이주연, 「KBS 국장, '세월호, 교통사고와 비교하면…'」, 오마이뉴스, 2014년 5월 4일 자. http://www. ohmynews.com/NWS_Web/view/at_pg. aspx?CNTN_CD=A0001987913; 김지훈, 「서울대 교수 '세월호, 교통사고 불과… 개나 소나 성명서'」, 『한겨레』, 2014년 5월 31일 자. http://www.hani.co.kr/arti/ society/society_general/640028.html

그럼에도 불구하고 군이 따져보자면 궁극적으로 세월호는 교통사고라는 말이었다. "일종의 해상 교통사고"라는 표현은 세월호를 어떻게 해서든 기존의 범주 중 하나로 포섭하려는 의지를 보여준다. 8월 20일에는 이완구 새누리당 원내대표가 라디오 인터뷰를 하면서 "김현정 앵커께서 어떤 사건에, 본의 아니게 교통사고 났습니다. 본의 아니게. 그 피해자가 김현정 앵커를 조사하고 수사한다면 받아들이시겠습니까"라고 물었다. 세월호 희생자 가족이 조사에 참여하고 개입하려는 시도에 반대하면서 세월호를 "본의 아니게" 잠시의 실수나 불운으로 발생한 교통사고로 규정한 것이다.[7]

　　"기본적으로", "일종의", "본의 아니게" 등 세월호를 교통사고라고 부르는 과정에서 사용한 표현은 새누리당 의원들이 자신의 정치적 입장과 당시의 여론 사이의 괴리를 인식하고 있었음을 시사한다. 스스로 확신하지 못하면서도 어떻게든 여론을 돌리고 사건의 파장을 줄여보려고 했던 것이다. 2014년 8월 7일 교육부장관 후보자였던 황우여 의원의 인사청문회는 이런 정치적 줄타기를 잘 보여준다. 황우여 의원은 새정치민주연합의 안민석 의원과 세월호에 대한 문답을 주고받았다.

7　　SBS 뉴스, 「[생생영상] 주호영 '세월호 참사는 교통사고다' 발언 논란」, 2014년 7월 24일 자. http://news.sbs.co.kr/news/endPage.do?news_id=N1002503543; CPBC 뉴스, 「[인터뷰 전문] 홍문종 '세월호, 해상 교통사고 관점에서 봐야'」, 평화방송 라디오 '열린세상 오늘 서종빈입니다' 인터뷰, 2014년 7월 29일 자. http://www.cpbc.co.kr/CMS/news/view_body.php?cid=521498&path=201407; CBS '김현정의 뉴스쇼' 이완구 새누리당 원내대표 인터뷰, 2014년 8월 20일 자. http://www.nocutnews.co.kr/news/4076537

안민석: 세월호 참사가 교통사고라는 일각의 주장에 대해서 동의하세요?

황우여: 국민적, 국가적 의미는 교통사고 이상이죠.

안민석: 교통사고는 맞습니까?

황우여: 그쵸, 해운사고라고도 볼 수 있지만…

안민석: 교통사고입니까?

황우여: 넓은 의미에는 교통사고에 속할 겁니다.

그는 정치인과 고위 공무원이 담당해야 할 영역인 "교통사고 이상"의 "국민적, 국가적 의미"를 인정하면서도, 애써 '교통사고'라는 기술적, 행정적 해석을 인사청문회 공식 발언으로 남겼다. 안민석 의원의 질의 시간이 끝난 후 마지막 답변을 하면서 황우여 의원은 마음에 걸리는 것이 있었는지 세월호에 대한 자신의 견해를 다시 정리했다. "아울러 '세월호 사건이 교통사고냐'라고 물으셨을 때 제가 '넓은 의미에서는 교통사고입니다'라고 말씀드린 것은 법적인 또 사고의 분류에서 그런 것이지 그게 갖는 의미나 여러 가지 전반적인 문제점은 단순한 교통사고라고 보기에는 있을 수 없는 국가적인 재난 수준의 중대한 문제였다라고 저는 보기 때문에 이 점은 사고 처리 수준이 아니라 국가 재난 그리고 국가의 새로운 모습을 갖추는 계기로 삼아야 한다는 것이 소신입니다."[8]

교통 기계의 사고 처리

황우여 의원의 마무리 '소신' 발언은 '세월호 교통사고론'이 단지 정의와 분류의 문제로 끝나는 것이 아니라 향후 대응과 대책의 범위를 설정하는 역할을 했음을 보여준다. 세월호를 "교통사고

---

[8]　강조는 필자. 황우여 교육부장관 후보자 인사청문회 영상(안민석 의원 질의 부분은 24분 30초에서 32분 5초)은 인터넷에서 볼 수 있다. https://www.youtube.com/watch?v=st26UCvgn_k

이상"의 의미가 있는 "국가적인 재난"으로 인정하면 "국가의 새로운 모습을 갖추는 계기"가 될 만한 대책이 뒤따르게 된다. 이에 대항하여 세월호를 "단순한 교통사고"로 규정하는 것은 그에 부합하는 "사고 처리"로 사건을 마무리하자는 뜻이다. 늘 일어나는 단순한 사고이므로 늘 하듯이 교통사고를 처리하는 규칙과 절차에 따르면 된다는 것이다.

'세월호 교통사고론'을 내세운 사람들이 세월호에도 적용하기를 기대했을 법한 교통사고 처리의 규칙과 절차는 대략 다음과 같다. 「교통사고처리특례법」 2조에 따르면 "'교통사고'란 차의 교통으로 인하여 사람을 사상하거나 물건을 손괴하는 것을 말한다." 그중 '대형사고'는 "3명 이상이 사망(교통사고 발생일부터 30일 이내에 사망한 것을 말한다)하거나 20명 이상의 사상자가 발생한 사고"이다. 교통사고 처리 절차는 사고 당사자가 서면, 전화, 직접 방문 등의 방법으로 사고 발생을 신고하면서 시작된다. 경찰서 교통사고 조사계로 사고 당자사의 신병과 서류가 인계되면 경찰이 현장으로 출동하여 피해 사항과 사고 원인을 조사한다. 현장 조사를 한 다음에는 이 사고가 사망, 도주의 경우처럼 '공소권이 있는 사고'인지 그 외 일반 교통사고로서 '공소권이 없는 사고'인지 구분한다. '공소권이 있는 사고'의 경우에는 가해자 피의 조서를 작성하고, 보험 서류, 진단서, 견적서 등의 서류를 받은 후 영장 청구 여부를 결정하고, 이에 따라 가해자를 구속하여 유치장에 수감하거나 불구속 입건하고 귀가 조치한다. 공소권이 없는 일반 교통사고는 다시 경미피해사고와 중상해사고로 나뉘는데, 경미피해사고의 경우 보험, 진단, 견적 서류를 제출받은 후 스티커를 발부하고 운전자는 귀가 조치한다. 중상해사고의 경우에는 가해자와 피해자가 합의할 경우 경미피해사고와 같은 과정을 거치고, 합의에 실패하면 공소권 있는 사고와 같은 절차를 밟는다. 어느 경우든 교통사고 처리 절차는 운전자가 귀가하거나 유치장에 수감됨으로써 마무리된다. 이 모든 과정은 컴퓨터 프로그램 알고리즘처럼 조건에 따라

화살표를 따라가는 방식으로 모든 경우의 수를 다 다룰 수 있다. 교통사고가 한 건 발생했을 때 이 알고리즘을 따라 처리하면 그 건이 종결된다. 또 한 건 발생하면 다시 이 알고리즘을 따라 종결할 수 있다.

그러면 사고 신고를 받고 현장에 출동한 경찰은 무엇을 어떻게 조사하여 사건을 처리하는가? 경찰청 훈령 제620호 「교통사고조사규칙」은 현장에 출동한 경찰이 사용하는 각종 서식을 포함하고 있다. 이 서식들을 통해서 교통사고는 정부의 공식 행정 체계 속에서 능숙하게 다룰 수 있는 대상으로 편입된다. '별표 3'에 있는 '교통사고 통계원표'는 사고의 모든 것을 한눈에 파악할 수 있도록 해준다. 발생 시각, 장소, 사상자 수 기록은 물론이고, 사고 유형과 사고 유발 요인을 객관식 문항처럼 표시할 수 있고, 뺑소니, 역주행, 급발진 같은 특수 사고의 유형도 표기할 수 있다. 사고 유형은 '차 대 사람' 사고의 경우 횡단 중, 차도 통행 중, 길 가장자리 구역 통행 중, 보도 통행 중, 기타에서 하나를 고르고, '차 대 차' 사고의 경우 정면충돌, 측면 직각 충돌, 진행 중 추돌, 주정차 중 추돌, 기타에서 하나를 골라 표시한다. 사고 당사자와 사고 차량의 모든 정보를 코드화해서 입력할 수 있고, 도로 형태, 차도 폭, 노면 상태, 제한 속도 등 도로와 주변 환경 정보도 빠짐없이 기입한다. '별지 제4호 서식'인 '대형사고분석기록카드'에도 비슷한 정보들을 담도록 규정되어 있다. 특히 '사고 분석' 란에는 도로 구조, 안전시설, 사고 운전자, 사고 차량, 운수회사 등으로 구분하여 사고 관련 정보를 한눈에 볼 수 있게 한다. 예를 들어 사고 운전자의 '사고 직전 운전 태도'를 정상, 한눈 팜, 잡담, 끽연, 장난, 난폭 운전, 기타로 나누고, 운전자 심신 상태는 정상, 과로, 졸음, 약물 복용, 간질, 혈압, 기타 신병 불상 중에서 고르도록 한다. 운전 경력, 사고 경력은 물론이고, 전과, 최종 학력, 가족 수, 생활 정도 정보도 기록한다. 주관식으로 기입하게 되어 있는 '요인 분석 평가'는 인적 요인, 도로적 요인, 자동차적 요인, 운수회사적 요인 등 네 가지 요인에 대한 분석을 적어 넣도록 되어 있다.

세월호 침몰을 '교통사고'라고 규정하는 것은 이 사건의 모든 것을 담아낼 수 있는 공문서 양식이 이미 존재한다고 주장하는 것이다. 그리고 거기에 이 사건을 넣어서 전체 사고 통계의 일부가 되도록 하자는 말이다. 일단 교통사고로 규정되면 '교통사고 통계원표'나 '대형사고분석기록카드'에 나와 있는 것처럼 이 사건에 관련된 모든 사항이 이미 범주화되어 알려져 있고, 우리가 할 일은 해당 사항을 찾아 체크하는 것이다. 또 '공소권이 있는 사고'와 '공소권이 없는 사고'의 구분에 따라 각각의 관련자들을 조치하고, 가해자와 피해자가 합의하도록 하거나, 필요한 경우 배상과 처벌 절차를 밟아서 '종결 처리'할 수 있게 된다. 즉 교통사고는 시스템 안에서 기록하고, 처리하고, 종결할 수 있는 사건을 뜻한다. 사고의 규모가 크든 작든, 정해진 절차를 필요한 만큼 반복하면 사고는 처리된다. 「교통사고조사규칙」 제7조는 사고 조사의 목적을 이렇게 설명하고 있다. 1. 부상자의 구호 및 사체의 처리 2. 사고 확대 방지와 교통 소통의 회복. 3. 사고 방지 대책을 위한 정확한 원인 조사 4. 형사 책임의 규명 5. 그 밖의 사고와 관련된 자료의 수집 등. '세월호 교통사고론'을 설파한 이들은 이 다섯 가지 중 두 번째, '사고 확대 방지와 교통 소통의 회복'을 가장 시급하게 생각했다. 사고의 파장이 사고 현장을 벗어나 더 넓은 지역으로 퍼지지 않도록 하는 것, 그리고 사고로 인해 일시적으로 중단된 교통, 즉 시스템의 일상적인 작동을 회복하는 것이 세월호 침몰을 교통사고로 다룸으로써 얻는 결과이다.

　　그러므로 '세월호 교통사고론'은 세월호 침몰의 성격을 규정하는 동시에 사고 이후 한국 사회가 어떻게 움직여야 하는지에 대한 처방까지 담고 있었다. '교통사고'란 발생 시간과 공간이 명확한 사건이므로 경찰과 공무원이 출동할 현장이 좁게 정의된다. 이것은 시스템의 일상적 작동을 그르치는 예외적인 상황(accident)이지만 동시에 시스템 내에서 흔히 발생하는 일이다. 교통사고에서 가장 중요한 것은 충돌, 충격의 순간이다. 세월호의 경우는 배가 중심을 잃고 넘어지는 순간이 된다. 잘 정의된 지침에 따라 행정적으로 대응하고 처리할 경우 조만간 종결될 수 있고 종결되어야만 한다. 사고의 '종결 처리'는 곧 시스템이 몇몇 사고의 순간을 제외하면 제대로 작동하고 있음을 확인해주는 순간이다. 사고가 종결 처리되고 교통 소통이 회복되면 사고 당사자가 아닌 이들은 지금까지 가던 길을 계속 가도 좋다는 보장을 받는다. 사고는 이미 종료된 남의 일이 되고 나의 일상은 회복된다. 교통사고에 연루된 실패한 기계는 역설적으로 그 기계를 포함하는 시스템이 건재하고 지속 가능하다고 주장하는 근거가 된다.

기계, 재난, 국가

'세월호 사고'를 대신하여 널리 쓰이게 된 말은 '참사' 또는 '재난'이다. '세월호 교통사고론'에 분노하면서 세월호를 '참사'라고 부르기 시작한 희생자 가족, 언론, 시민들은 이 사건을 그저 운송용 기계 하나의 실패로 정의할 수 없다고 생각했다. '비참하고 끔찍한 일'이라는 뜻의 '참사'는 세월호가 사고 중에서 특히 비참하고 끔찍한 사고라는 뜻이 아니라 '사고'라는 말로 다 담아낼 수 없을 만큼 비참하고 끔찍한 일이라는 해석을 담고 있었다. 세월호 사건을 부르는 명칭으로서 '참사'가 '교통사고'를 대체했다면, 이해와 분석을 위한 범주로서 '사고' 대신 사용된 용어는 '재난'이었다. 언론에서 또 정부 문서에서 세월호는 '안전사고 예방'의 문제보다 훨씬 범위가 넓고 심각한 '재난 대응 및 관리'의 문제로 다루어지기 시작했다. '재난'에 연루된 기계는 '사고'에 연루된 기계와 다른 의미를 띠게 된다. '사고'에서 한 기계의 실패는 시스템 자체의 문제로 인식되지 않는 반면, '재난'을 일으킨 한 기계의 실패는 시스템 자체의 구조적인 문제를 드러낸다. 재난은 시스템 자체의 붕괴를 시사한다. 세월호라는 기계의 실패는 한국 사회 전체의 실패를 상징하는 것으로 해석되었다.

기계의 실패를 사회의 실패와 동일시하는 사례는 드물다.

1986년의 우주왕복선 챌린저호 폭발 사고나 2003년의 컬럼비아호 폭발 사고는 전 미국 혹은 전 세계적으로 충격적인 일이었지만 이 사고들이 미국이라는 시스템 전체의 실패로 간주되지는 않았다. 우주왕복선 프로그램을 운영하는 미항공우주국(NASA)의 기술적 역량, 연구 개발 관행, 조직 문화에 대한 근본적 성찰을 촉구한 것은 사실이지만, 우주왕복선의 실패를 미국의 실패로 생각하는 사람은 별로 없었을 것이다.[9] 이에 비해 2001년의 9·11 세계무역센터 테러는 고층빌딩 두 채의 붕괴가 한 사회의 정체성, 정당성을 뒤흔들어놓은 사건이었다. 세계무역센터에 대한 공격은 곧 미국에 대한 공격으로 인식되었고, 센터가 무너져 내리면서 그것을 지키고 관리해야 할 시스템에 대한 신뢰도 일시적으로 함께 무너졌다. 거꾸로 생각하면 세계무역센터를 비롯한 각종 구조물과 기계의 순조로운 작동을 보장하는 것이 곧 체제의 정당성을 담보하는 일이었음을 확인할 수 있다.[10]

어떤 기계의 실패는 신뢰의 연쇄 중간 정도까지만 무너뜨리고, 다른 어떤 기계의 실패는 신뢰의 연쇄의 가장 끝까지 모두 붕괴시킨다. 9·11 테러의 현장 '그라운드 제로'에서 미국인들은 미국의 모든 것이 주저앉은 바닥을 보았다. 세계무역센터 붕괴는 테러 집단이 치밀하게 계획하고 실행한 범죄였다는 점에서 세월호와 비교하기 어렵지만, 다른 한편으로는 세계무역센터가 공격받고 붕괴하는 모습에서 미국이라는 시스템 전체의 위기를 직감할 수 있었다는 사실에서 유사점을 찾을 수 있다. 9·11이 그저 항공 교통사고나 건물 붕괴 사고가 아니라 국가적 재난으로

[9]   Diane Vaughan, *The Challenger Launch Decision: Risky Technology, Culture, and Deviance at NASA*, Chicago: University of Chicago Press, 1996.

[10]   Chandra Mukerjee, "Intelligent Uses of Engineering and the Legitimacy of State Power," *Technology and Culture*, vol.44, 2003, pp.655-676.

인식되었듯, 세월호가 단순 교통사고가 아닌 국가적 재난으로 불린 것은 한국인들이 배 한 척의 침몰에서 전체 국가 시스템의 침몰을 목격했기 때문이었다. 세월호를 '교통사고'라고 규정하는 쪽은 2014년 4월 16일에 침몰한 것이 배 한 척이라고 생각하는 반면, 이를 '참사'나 '재난'이라고 부르는 쪽은 배의 운항을 규제하고 감독하는 시스템, 배에서 사람을 구조하는 시스템, 또 이 시스템들을 관리하는 더 큰 시스템 전체가 침몰한 것으로 보았다.

이런 점에서 세월호의 침몰이 한국 사회에 미친 영향은 교통수단인 열차 사고나 비행기 사고보다는 홍수나 지진과 같은 재난의 충격에 더 가까웠다. 즉 세월호는 한국 사회의 바닥을 드러내 보여주었다. 2005년 여름 허리케인 카트리나가 미국 남동부를 휩쓸고 지나갔을 때『뉴욕타임스』 칼럼니스트인 데이비드 브룩스는 "홍수는 사회의 표면을, 익숙해진 삶의 방식을 쓸어가버린다. 홍수는 근원적인 권력 구조를, 불의를, 부패의 패턴을, 의식하지 못한 불평등을 폭로한다"라고 썼다.[11] 또 소설가 주노 디아스는 2010년 발생한 아이티 지진에 대해 "종말론적 재앙은 우리가 애써 도망치려 하고, 숨기고 부인하고 싶어 하는 세상의 모습을 바라보는 기회를 준다"라고 썼다. 재난의 기본적 속성은 폭로하기, 드러내기, 계시(revelation)라는 것이다. 디아스는 또 (교통)사고와 재난의 차이를 분별하는 데 도움이 될 만한 지적을 했다. "재난은 그냥 일어나지 않는다. 재난은 항상 보이지 않는 사회적 선택들, 물에 빠져 죽거나 돌무더기에 깔린 이들보다 더 많은 사람들이 연루된 선택들에 의해서 만들어진다." 재난은 한 개인의 실수, 고립된 기계 하나의 실패가 아니라 사회적인 선택, 구조적인 압력의 연쇄를 통해 발생한다.[12]

11   David Brooks, "The Storm After the Storm," *New York Times*, September 1, 2005.

12   Junot Díaz, "Apocalypse: What Disasters Reveal,"

세월호를 '재난'으로 인식하는 것은 '세월호 교통사고론'에 담긴 상황 인식과 향후 대응 전략을 전면적으로 거부하는 일이었다. '재난'으로서의 세월호는 4월 16일 진도 앞바다라는 특정한 시공간에 한정된 사건을 넘어섰다. 교통사고처리특례법 같은 틀에 세월호를 온전히 가두어두는 것은 불가능했다. 디아스가 아이티 지진에서 목격한 것처럼, 세월호도 한국 사회 깊숙이 자리 잡은 모순을 폭로했다. 사고와 달리 재난은 쉽게 종결되지 않는다. 교통사고는 절차를 따른 후 종결을 선언할 수 있지만, 재난은 종결 지점이 명확하지 않으며, 또 종결된다 하더라도 그것은 재난 이전의 상태, 일상으로 돌아가는 것이 아니다. 재난을 겪으면서 한 사회는 과거와 다른 새로운 상태로 진입한다. '교통사고'로서의 세월호는 잠시 막혔던 교통을 재개함으로써 사고 처리를 종결할 수 있지만, '재난'으로서의 세월호는 한국 사회를 탈바꿈함으로써만 대응할 수 있다.

결국 '교통사고론'은 세월호를 한국 사회와 그 역사로부터 분리시키려는 시도였다. 세월호가 제한된 장소에서 시작과 끝을 명시할 수 있는 형태로 발생한 사고라는 주장은 세월호를 한국 사회와 분리된 기계로 규정하는 것이었다. 반면 세월호를 참사나 재난으로 부르는 것은 세월호의 실패가 2014년보다 훨씬 오래 전에 시작되었으며, 그 과정과 결과는 진도 앞바다가 아니라 한국 사회 전체와 연결되어 있다는 인식을 담았다. 세월호가 인양되지 못하고 오랫동안 시야에서 사라진 채 바닷속에 가라앉아 있던 상황은 세월호라는 기계와 한국 사회의 일시적 분리를 상징한다. 크기와 무게를 짐작할 수도 없도록 가려진 기계에 대해서는 그 실패의 의미를 축소하는 일이 비교적 용이했다. 교통사고론의 주창자들은 세월호의 인양을 바라지 않았을 것이다. 이에 대해 "진실을 인양하라"는 구호와 함께 세월호 인양을 요구했던 사람들은 세월호를 원래 그 기계를 둘러싸고 있던 사람, 조직, 제도,

---

문화, 역사에 다시 연결시키고자 했다. 배가 올라오면 그동안 끊어진 듯 보였던 기계와 사회 사이의 고리를 확인할 수 있으리라 믿었다.

인양, 분리, 절단

2017년 3월 다소 갑작스럽게 전해진 세월호 인양 소식은 이 기계에 대한 상반된 태도를 한 번 더 부각시켰다. 해양수산부는 2014년에 있었던 검찰 조사나 해양 안전 심판원의 조사를 통해서 세월호 침몰의 원인이 과적, 고박 불량, 조타 미숙 등으로 밝혀졌으므로, 세월호를 인양해서 조사하는 주된 목적은 침몰 원인 규명이 아닌 미수습자 수색이라는 입장을 취해왔다. 이에 따라 해수부는 효율적인 미수습자 수색을 위해 객실과 화물칸 사이를 수평으로 자르고, 그중 객실 부분을 다시 양쪽으로 자르는 방안을 검토했다. 수색 작업의 안전을 확보하고 수색에 걸리는 시간을 절약할 수 있다는 이유였다.[13]

4·16가족협의회와 4·16세월호참사 특별조사위원회 (특조위) 관계자들은 해양수산부의 선체 절단 방침을 강하게 비판했다. 이들은 해수부가 인양의 목적을 미수습자 수습으로 한정하고 있다고 지적하면서, 미수습자 수습뿐만 아니라 세월호 침몰의 진상 규명, 희생자의 유품 수습, 세월호 선체의 역사적 보존 등도 인양의 중요한 목적이 되어야 한다고 주장했다. 2017년 3월 23일 국회의원회관에서 열린 '세월호 인양·미수습자 수습·선체조사의 쟁점 토론회'에 참석한 장훈 4·16가족협의회 진상규명분과장의 발제문은 "침몰선이 말하게 하라!"는 표현으로 인양의 목적을 요약했다. 이런 시각에서 보면 선체를 절단하는 것은 세월호 곳곳에 흩어져 있는 침몰의 증거를 훼손할 가능성이 높은 행위가 된다. 절단 과정에서 조타실과 기관실을 잇는 배선이 끊어지고 혹시 모를

---

13   김소연, 김미영, 「해수부, 세월호 인양 뒤 선체 절단한다」, 『한겨레』, 2016년 8월 29일 자.

기계 고장의 가능성을 조사하기 어려워질 수 있기 때문이다. 또 절단 후 화물이 심하게 이동하거나 쏟아져서 침몰 당시의 화물 현황을 확인할 수 없게 된다는 우려도 있었다. 2014년에 207번째로 수습된 학생의 아버지인 장훈 진상규명분과장의 발제문은 해수부의 선체 절단 계획을 설명하는 그림 아래 "선체 절단 = 침몰 원인 조사 차단"이라고 규정했다.[14]

해수부가 계획했던 선체 절단은 배의 객실과 화물칸을 물리적으로 분리시킬 뿐만 아니라 다른 종류의 분리도 조장한다는 비판을 받았다. 선체 절단 방침은 미수습자 수색이라는 목표와 선체 조사를 통한 진상 규명이라는 목표를 서로 분리된 것으로 가정하고 있었다. 세월호라는 같은 배 안에서 미수습자의 흔적을 찾는 일과 침몰의 증거를 찾는 일을 시간적, 공간적으로 분리하여 진행해도 괜찮다는 생각이었다. 세월호 특조위의 박흥석 전 조사관은 3월 23일 국회토론회 발제에서 이런 개념적 분리의 문제를 자세히 지적했다.

해양수산부는 미수습자의 수습과 선체 조사를 개념적으로 분리하고 있는데 실상 현장에서는 분리되어 따로 수행되기 어렵다. 미수습자가 특정 구역에 존재할 것으로 예상하는 것 자체가 상당한 무리수일 뿐 아니라 미수습자 수습을 위하여 요원이 투입되는 순간부터 세월호 사고의 원인을 밝히기 위한 '증거물'이자 '사건 현장'인 세월호는 변화 내지 훼손되기 시작한다. 또 반대의 경우인 세월호 사고 원인 조사를 위하여 일정한 구역에 요원이 진입하여 현장에 접근하는 순간부터 잠재적 미수습자 수습 대상 구역에 진입하는 것으로 어떠한 물건의 반출이나 분리 작업을 수행할 때에도 미수습자의 시편이 존재할

---

14   장훈, 「지나온 선체인양 과정을 돌이켜보다」, 『세월호 인양·미수습자 수습·선체조사의 쟁점 국회토론회』 자료집, 2017년 3월 23일, 1~31쪽.

가능성을 상정해야만 한다.[15]

4·16가족협의회와 특조위 관계자들은 이러한 절단과 분리가
미수습자 가족과 희생자 유가족을 갈라놓으려는 시도라고
인식했다. 미수습자 가족의 바람에 따른 빠른 수색을
명분으로 내세워 진상 규명을 위한 선체 보존과 조사를
요구하는 유가족의 입장을 무시하는 전략이라는 것이다. 인양
준비 과정에서 선체에 수많은 구멍을 뚫고 좌현 스태빌라이저
등을 제거한 것도 증거 훼손이라는 의심과 비판을 불러일으킨
바 있다. 세월호 가족과 특조위 관계자들이 보기에 해수부는
세월호 선체를 사고의 '증거물'이 아니라 망가지고 부식된
기계의 잔해로 여기고 있었다. 3월 23일 국회토론회에 참석한
유경근 4·16가족협의회 집행위원장은 "단순히 이제는 다
낡아빠진 그 철덩어리를 건져 올리는 것 자체가 목적이
아니라는 이야기"라고 하면서 미수습자와 사건의 진실을 함께
찾는 것이 인양의 진짜 목적임을 강조했다. 인양의 목적을
좁게 제한하고, 선체의 의미도 축소하려는 해수부에 대한
비판이었다.[16]

　　사실 세월호 인양 과정의 가장 심각한 분리는 인양
작업과 특조위 사이의 분리였다. 2017년 3월 말 세월호가
바다 위로 처음 올라왔을 때 세월호 특조위는 이미 강제
종료되고 없었다. 당초 세월호 선체에 대한 조사는 세월호

15　박흥석, 「인양, 미수습자 수습 및 선체조사를 위한 올바른
　　방향」, 위의 책, 41쪽.

16　4월 중순 미수습자 수색이 시작된 이후 실제 선체 절단은
　　인양 전에 알려진 해수부 계획과는 다른 방식으로
　　이루어졌다. 무너져 내린 5층 전시실을 분리하여 4층 선미
　　객실에 진입하기 위한 목적의 절단 작업이 4월 30일부터
　　시작되었다. 이승호, 「세월호 선체 5층 부분 절단 시작…
　　진입로 확보 위해」, 『중앙일보』, 2017년 4월 30일 자.
　　http://news.joins.com/article/21528549

목포 신항에 거치된 세월호, 2017년 8월.

목포 신항에서 바로 서고 있는 세월호, 2018년 5월 10일.

45

특조위의 총체적 진상 규명 작업의 일부로 진행되었어야 하는 일이지만, 막상 세월호가 떠오른 순간에는 그것을 조사할 주체가 존재하지 않았다. 특조위가 활동하던 동안에는 계속 지연되던 인양 작업이 특조위가 사라진 지 수개월 후에야 겨우 마무리된 것이다. 세월호 선체를 한 번도 육안으로 보지 못한 채 조사 활동을 강제로 마쳐야 했던 특조위 조사관들은 여기저기 흩어진 상태에서 세월호 인양 과정을 바라보는 처지가 되었다. 누군가 기획한 것이든 아니든, 세월호라는 기계는 참사에 대한 종합적인 조사로부터 강제로 분리된 상태에서 홀로 육지로 돌아온 셈이다. 이런 의미에서 목포 신항에 거치된 세월호는 다시 한번 고립된 배였다.

　　세월호 특조위가 없는 상태에서 새롭게 등장한 것은 '세월호 선체조사위원회'이다. 2017년 3월 21일 공포된 「세월호 선체조사위원회의 설치 및 운영에 관한 특별법」은 "세월호 선체를 조사하는 등의 업무를 수행하기 위하여 세월호 선체조사위원회를 둔다"고 규정했다. 그러나 특별법 공포 직후부터 선체조사위원회의 역할과 권한에 대한 우려가 나오기 시작했다. 선체조사위원회의 업무 중 첫 번째인 "인양되어 육상 거치된 세월호 선체 조사" 이외의 다른 업무들, 즉 인양, 미수습자 수습, 유실물, 유류품 수습, 선체 보존 및 사후 처리에 대한 권한이 제한적이거나 애매하게 규정되어 있기 때문이다. 더불어민주당 김현권 의원 등이 처음 발의한 법안에 비해 축소된 위원회의 업무는 "세월호 선체 인양 과정에 대한 "감독" 대신 그에 대한 "지도, 점검"으로, "미수습자 수습" 대신 그에 대한 "점검"으로, "세월호 선체 내 유류품 및 유실품 수습, 조사 및 보관" 대신 그 과정에 대한 "점검"으로, "조사 끝난 세월호 선체 보존 계획 수립" 대신 그에 대한 "의견 표명"으로 정해졌다. 많은 영역에서 해수부가 주도권을 쥐고 선체조사위원회는 점검하거나 의견을 표명하는 정도의 역할을 맡게 된 것이다.[17]

17　　장완익, 「선체조사 특별법 점검과 향후 선체조사위원회의

선체조사위원회는 세월호라는 기계와 세월호 참사를 어떻게 인식할 것인가? 선체조사위원회의 세월호 인식은 2016년 강제 종료된 특별조사위원회와 어떻게 다를 것인가? 막 시작한 선체조사위원회의 활동을 예측하기는 어렵지만, 특별법의 내용을 통해 선체 조사의 방향을 가늠해볼 수 있다. 특별법은 '선체 조사'를 "4·16세월호참사의 사고 원인을 규명하기 위하여 실시하는 선체에 대한 각종 조사와 이와 관련한 과학적 추론"이라고 정의하였다. 명칭에서 짐작할 수 있듯이 선체조사위원회는 세월호 선체에 대한 과학적, 기술적 조사를 주요 활동 영역으로 설정하고 있다. 이는 위원회의 구성에서도 드러난다. 특별법은 총 8명의 위원 중 3분의 2, 즉 6명 이상을 "선박 설계, 건조, 항해, 기관 분야에 5년 이상 종사한 사람" 및 "해양 사고 조사 및 구조 관련 분야에 5년 이상 종사한 사람"으로 임명하도록 규정하였다. 선박과 해양 전문가들이 위원회의 절대 다수를 이루는 것이다.

기술적 전문가들로 구성된 위원회는 세월호 침몰의 '기술적 원인', 즉 세월호라는 기계 자체의 실패 원인을 찾아내는 데 집중할 가능성이 높다. 문제는 선체조사위원회가 기계의 기술적 실패에만 주목할 경우, 세월호라는 기계를 둘러싸고 있던 조직, 제도, 법령, 관행, 문화 등으로부터 세월호를 분리해버리는 효과를 낳을 수 있다는 점이다. 특별법은 선체조사위원회가 제출할 '종합 보고서'가 모두 네 가지 항목을 포함하도록 규정한다. 1) 4·16세월호참사의 원인. 2) 4·16세월호참사의 원인을 제공한 법령, 제도, 정책, 관행 등에 대한 개혁 및 대책 수립 관련 조치 권고. 3) 4·16세월호참사에 대하여 책임 있는 국가기관 등에 대한 시정 및 책임 있는 공무원에 대한 징계 등 조치 권고. 4) 그 밖에 위원회가 진상 규명한 사항에 대한 개선 조치 권고. 선체조사위원회의 구성을 보면 이 중 1번을 선체 조사에

활동 방향」, 『세월호 인양·미수습자 수습·선체조사의 쟁점 국회토론회』, 45~50쪽.

근거한 '기술적 원인'으로 파악하는 반면, 2와 3에 대해서는
구체적인 내용을 다루기 어려우리라는 추측을 해볼 수 있다.
2와 3은 선체조사위원회보다는 이미 종료된 특조위가 선체
조사를 포함하는 종합적인 조사를 마친 후에 내놓아야 했던
보고서이기 때문이다. 그럼에도 선체조사위원회가 기계의
실패와 사회의 실패를 연결하는 고리를 찾아주기를 기대하게
된다.

고립된 배, 연결된 배

"진실을 인양하라"라는 구호에서 볼 수 있듯이, 세월호 선체는
참사의 진실을 담고 있는 마지막이자 가장 중요한 증거품일
수 있지만, 배 안에서 모든 진실을 다 찾을 수는 없을 것이다.
마침내 뭍으로 올라온 선체에서부터 조사를 다시 시작하는
것은 당연하지만, '교통사고론'이 그랬던 것처럼 이 사건을
고립된 배 한 척이 특정 시간과 장소에서 갑자기 작동을
멈춘 것으로 보아서는 세월호 참사를 다 파악할 수 없다.
2014년 4월 15일에 세월호가 출항하기 전 오랫동안 뭍에서
벌어졌던 일들, 또 세월호가 가라앉는 동안과 그 후 3년 동안
바다와 육지에서 벌어졌던 온갖 일들에 세월호라는 기계를
연결시켜야만 비로소 종합적인 재난 조사가 가능해진다.
　　지난 3년간 우리가 목격한 것은 세월호를 '고립된 배'로
만들려는 세력과 '연결된 배'로 되돌리려는 세력 사이의
대립이다. '고립된 배'는 세월호라는 기계를 한국 사회와
역사로부터 분리하려는 시도를 뜻한다. 세월호의 침몰을 오랜
관행과 제도와 비리의 결과가 아니라, 우연적이고 돌발적이고
예외적인 사고로 규정하려는 것이다. 또 참사를 조사하면서
배 내부는 기계적, 기술적 영역으로, 배 외부는 정치적, 사회적
영역으로 간주하고 둘 사이를 분리하여 다루려는 경향을
말한다. 이에 반해 '연결된 배'는 모든 기계의 작동에 필요한
법, 제도, 조직의 연결망 속에 세월호를 위치시키고, 배의
내부와 외부, 기술적인 것과 사회적인 것을 함께 고려하여
세월호의 실패를 설명하려는 시도이다. 그런 점에서 인양은

세월호라는 기계를 물에서 건져 올리는 기술적 프로젝트일 뿐 아니라, 이 기계를 역사적 내러티브, 사회적 구조, 정치적 과정과 연결시키는 상징적 행위였다. 처음 배를 바다 위에 띄웠던 신뢰의 연쇄가 깨어지면서 물속으로 가라앉았던 세월호는 이제 땅 위로 겨우 다시 올라와 새로운 연결망 속에 자리를 잡고 있다. 그 연결 고리를 하나씩 되짚어가며 끊어진 부분을 찾아 잇는 것이 앞으로 세월호 참사 조사가 맡아야 할 일이다.

덧붙이는 말: 이 글의 초고를 쓴 이후인 2017년 여름, 세월호 선체조사위원회의 종합보고서 작성기획단에 외부 집필위원으로 참여해달라는 요청을 받았다. 그로부터 선체조사위원회가 활동을 마친 2018년 8월 초까지 선체 조사 과정을 지켜보고 조사 결과를 정리하여 종합보고서 초안을 작성하는 일을 맡았다. 네 명의 외부 집필위원(박상은, 전치형, 정은주, 최형섭)이 함께 작성한 종합보고서 침몰 원인 부분 초안은 선체조사위원회 상임 및 비상임 위원들 사이의 의견 차이로 인해 그대로 의결되지 못했다. 대신 외부 집필진의 초안을 양측에서 각자 수정한 다음 '내인설'과 '열린안'이라는 두 가지 보고서를 한 권의 책에 나란히 발간하게 되었다. '내인설'과 '열린안' 보고서는 비록 세월호의 출항 당시 상태나 급선회 및 횡경사 원인에 대해 견해를 달리하고 있지만, 배에서 벌어진 일과 육지에서 벌어진 일을 연결하여 바라보려는 관점을 공통으로 수용하고 있기도 하다. 가령 종합보고서는 세월호라는 기계에서 발생한 '비극적인 연쇄'에 대해 다음과 같이 서술하고 있다.(내인설 156쪽, 열린안 186쪽)

> "세월호를 넘어지게 만든 결정적인 원인, 단 하나의 원인을 지목하기는 쉽지 않다. [4월 16일 아침 가장 처음 발생한 이상 현상은 솔레노이드 고착이지만(내인설) / 맹골수도에서 솔레노이드 밸브 고착이 발생한 것으로

의심되지만(열린안)], 그보다 더 중요한 이상 현상은 배 자체였고, 그것은 육지에서 많은 사람과 기관이 오랫동안 키워온 문제였다. 넘어진 세월호를 설명하기 위해서 우리가 주목해야 할 것은 결정적인 한순간이 아니라 여러 원인의 연쇄와 결합이다. 통상적으로 배의 복원성과 솔레노이드, 화물 고박 사이 필연적인 인과관계나 연쇄관계는 없다. 어느 하나가 다른 하나보다 반드시 먼저 일어나는 일도 아니고, 어느 하나가 다른 하나와 반드시 결합해서 일어나는 일도 아니다. 어떤 것은 순간적으로 발생한 불운이라고 할 수도 있지만, 다른 것들은 무지와 무능과 무책임으로 인해 오랫동안 천천히 생겨난 현상이다. 하지만 잘못된 관행과 실수와 불운이 겹칠 때 이런 일이 연달아 발생하거나 함께 발생하여 최악의 결과를 낳을 수 있다. 그날 세월호에서 여러 원인이 결합하는 것을 막고 그 비극적인 연쇄를 끊기 위한 시도는 없었거나 실패했다.”

배를 3년이나 물속에 내버려둔 것은 두고두고 안타까운 일이지만, 3년 만에 뭍으로 올라온 배에서 어떻게든 참사의 흔적을 찾으려 했던 선체조사위원회 조사관들의 노고도 기억해야 할 것이다. 세월호 참사에 대한 보다 종합적인 설명을 제시하는 일은 선체조사위원회의 조사 결과를 넘겨받아 2018년 12월 조사 활동을 개시하는 ‘가습기살균제사건과 4·16세월호참사 특별조사위원회’(약칭 ‘사회적 참사 특조위’)의 과제로 남았다.

인간은 자신으로부터 독립해 있고 자신의 능력을 초월하는 능력을 지닌 존재, 즉 기계를 만들어 덕을 보고자 하지만, 기계는 어느 틈에 인간화된다. 물론 기계가 인간화된다는 것이 반드시 인간을 위한다거나, 인간처럼 착해진다는 것만은 아니다. 기계는 인간의 사악함과 못남도 닮는다.

이영준, 「머리말: 기계의 성질과 상호기계성」,
『기계산책자』,
이음, 2012년, 9쪽.

선로 안쪽에서 스크린도어 장애물검지센서를 교체하는 수리공들.

김성은

수리공은 왜 선로 안쪽에 들어가야만 했나?:
구의역 사고의 내러티브와 기계비평[1]

2016년 5월 28일 오후 4시 58분, 서울메트로의
스크린도어 외주 업체인 '은성PSD'에 전화가 걸려왔다.
서울 지하철 2호선 구의역 스크린도어에 장애가 생겼으니
수리해달라는 요청이었다. 은성PSD의 충정로역에서
대기하던 직원 '고 김 군'은 스크린도어를 고치기 위해
2호선을 타고 구의역으로 출발했다. 구의역에 도착한
고 김 군은 역무실에서 스크린도어를 여는 열쇠를 챙겨
승강장으로 향했다. 고 김 군은 스크린도어 종합 제어
장비를 점검한 결과 5-3 승강장의 장애물검지센서가
문제라는 것을 알아냈다. 5-3 승강장의 정비를 마친 고 김
군은 같은 역의 또 다른 센서가 문제라는 사실을 확인하고
9-4 지점으로 이동했다. 마찬가지로 선로 안쪽으로
들어가 센서를 마저 청소하던 고 김 군은 선로에 진입하던
열차에 부딪혀 사망했다.[2]

1.

사고에 대한 해석은 내러티브를 요구한다. 내러티브는 사고를
어쩌다 마주친 불행이 아니라 특정한 사회적, 경제적, 기술적
원인 때문에 "누구에게든 일어날 수밖에 없었던"[3] 필연으로

---

1   이 글은 카이스트 과학기술정책대학원이 발간하는
     『과학뒤켠』 1호(2016)에 실렸던 필자의 글을 수정, 보완한
     것이다.

2   구의역사고진상규명위원회가 발표한 『구의역 사고
     조사보고서』를 바탕으로 재구성한 내용이다.

3   구의역사고진상규명위원회, 『구의역 사고 조사보고서』,
     2016년 7월 28일, 64쪽.

틀 지우는 역할을 한다. 최루액이 섞인 물에 머리를 얻어맞아 뇌출혈로 사망했다는, 한 농민의 어처구니없는 죽음을 보건의료단체연합은 "예정된 참사"라고 불렀다.[4] 거짓말처럼 무너진 삼풍백화점은 부실 공사와 경영진의 과욕이라는 틀 안에서 "언제든 무너질 수밖에 없었던" 건물이 된다.[5] 일어날 수 없는 일이 이미 발생해버린, 인과관계가 역전된 현실에서 우리는 내러티브에 의지해 사고의 이유를 찾는다. 이러한 과정을 통해 상식으로는 도저히 이해할 수 없는 참사들은 "그래서 그랬구나"라고 끄덕일 수 있는 이야기로 변환된다.

내러티브라는 해석의 창이 있기에 우리는 사고를 이해할 수 있고, 재발을 위한 계획도 세울 수 있으며, 슬픔을 딛고 나아갈 수 있다. 그릇 없이는 어떤 물도 담아낼 수 없는 것처럼, 납득할 만한 내러티브가 없는 사건 해석은 아무리 기술적으로 정교할지라도 사회적 공감대를 얻을 수 없다. 바다 위에서 일어난 사고를 전문적으로 조사, 분석하는 해양심판원이 세월호 참사 이후에 발간한 보고서는 내러티브의 부재가 설득력의 부족으로 이어진 단적인 예시다. 수백 장에 달하는 이 보고서는 복잡한 수식과 그래프를 동원해 세월호가 전복하게 된 물리적 이유를 밝히고자 노력했다. 기술적으로는 더없이 상세한 이 보고서가 발간되었음에도 불구하고 사람들에게 세월호 참사가 "명쾌하게 납득되지 않는" 이유는 사실의 단순한 나열로는 그 어떠한 이야기도 구성되지 않기 때문이다.[6] 소설가 김훈이 지적한 것처럼, '고박 불량 때문에 복원력을 잃은 배가 침몰했다'는 보고서의 설명 방식은 "밥을 굶으면 배가 고프고,

4 보건의료단체연합, 「11월 14일 집회 부상자 발생 및 경찰 폭력 문제」, 2015년 11월 15일 자 성명.

5 「삼풍백화점 붕괴 20년… 1995년 6월29일 무슨 일 있었나?」, 『머니투데이』, 2015년 6월 28일 자.

6 「인양된 것은 의혹뿐」, 『한겨레 21』, 1057호, 2015년 4월 20일 자.

심장이 멎으면 사망에 이른다는" 식의 "동어반복"적 기술에 불과하다.[7] 단편적 사실보다 사고의 이해에 더 필요한 것은 어떠한 사실이 중요하고 관련 있는 것인지를 판가름하는 생각의 틀 그 자체다. 내러티브는 그렇게 사실에 우선한다.

내러티브가 만들어지는 과정은 그 본질상 정치적이다. 어떠한 행위자, 사실, 맥락을 사건의 내러티브에 포함시키는지에 따라 책임의 분배, 사회-기술적 해결책, 해소의 과정이 천차만별로 달라지기 때문이다. 박근혜 대통령이 구조 활동의 미숙함을 세월호 사건의 원인으로 지목함에 따라 해경이 해체되었다. 조류 독감과 메르스를 동물에 의한 질병이라고 호명하자 철새와 낙타에게 때아닌 주목이 쏟아졌다. 두 개 이상의 내러티브가 같은 사건을 두고 서로 경합하는 것도 흔한 일이다. 강남역 살인 사건의 피해자를 정신병의 희생양으로 볼 것인가 여성 혐오의 피해자로 볼 것인가? 사고의 내러티브 구성에 있어서 이와 같은 전유의 문제는 서로 다른 세계관 사이의 격렬한 대립으로 확장되기도 한다.

틀 짓기 / 틀 허물기가 끊임없이 진행되는 참사 이후의 시간은 따라서 이미 일어난 일을 밝히는 데 그치는 정적인 시간이 아니다. 오히려 사건을 규정하고, 위치 짓고, 의미를 부여하는 역동적 시간이다. 내러티브의 논리는 '사고조사위원회', '특별조사위원회', '시민위원회' 등 다양한 이름으로 재난을 검토하는 공적 주체에게 가장 중요하다. 이들이 발간하는 사고 조사 보고서는 단편적인 사실을 잔뜩 수집해 독자에게 내던지는 백과사전식 문서여서는 안 된다. 조서나 판결문처럼 미리 정해진 원칙에 따라 범인을 지목하고 그들을 질타하기 위한 문서는 더더욱 안 될 것이다. 바람직한 보고서는 오히려 훌륭한 소설이나 극본이 가질 법한 치밀한 서사의 구조를 지녀서 대중을 이해시키고 포섭할 수 있어야

---

7   「소설가 김훈 세월호 1년 특별기고」, 『이투데이』, 2015년 4월 10일 자.

한다. 이를 위해서는 재난의 배경을 시공간적으로 확장해서
다양한 생각의 경로를 추구하는 것이 필수적이다. 9·11 참사를
조사한 위원회가 이 사고를 비행기 테러의 틀에 얽매이지
않고 미국과 중동의 복합적인 관계에 대한 이야기의 형식으로
정리해낸 것이 훌륭한 예시다.[8]

    2.

지난 2016년 5월에 일어난 스크린도어 수리공 고 김 군의
죽음이라는 비극을 우리는 어떻게 서사하고 있는가? 사건
이후 4년이 넘는 시간이 흐른 현재까지 내러티브의 곳곳이
빈칸으로 남아 있는 세월호 참사와 비교해볼 때, 구의역
사고의 내러티브는 훨씬 빠른 수렴의 과정을 거친 듯하다.
많은 언론이 이 사고를 "서울메트로의 허술한 관리 체계가
빚은 인재"라고 부른다.[9] '2인 1조' 안전 수칙을 지켰다면
충분히 막을 수 있었던 참사가 "사람 목숨보다 비용과
효율을 중시하는 기업 문화"하에서 인력이 부족했던 까닭에
발생했다는 것이다.[10] 쏟아지는 업무를 컵라면 들이켜듯
후딱후딱 해치워야 했던 비정규직 고 김 군의 죽음은
신자유주의 정책이 부른 참극으로 그려진다. "스크린도어
사망 사고가 외주 용역 업체에서 보수 업무를 맡고 있는
1~4호선에서만 일어나고 정규직 직원들이 보수를 하는
5~8호선에서 발생하지 않는 사실"은 이를 보충하는 증거가
된다. 한마디로, "위험 외주화가 주범"이라는 것이다.[11]

---

8   최형섭, 「재난의 기록: 재난 보고서의 사회적 기능」,
           『FUTURE HORIZON』, 21호, 2014년 8월, 24~27쪽.

9   「반복되는 '안전문 사망', 서울메트로는 뭐했나」,
           『서울신문』, 2016년 5월 30일 자 사설.

10   「이 19세 청년을 누가 죽음으로 내몰았나」, 『경향신문』,
           2016년 5월 30일 자 사설,

11   「구의역 참사, '위험 외주화'가 주범이다」, 『한겨레』,
           2016년 5월 31일 자.

'위험의 외주화' 정책을 추진한 서울메트로와 비정규직의 3배에 달하는 높은 임금을 받던 은성PSD의 고위 직원들은 '메트로 마피아(메피아)'라고 불리며 사건의 주요 용의자로 지목됐다. JTBC 시사 예능 프로그램 '썰전'에서 보수적 시각을 대변하는 패널인 전원책 변호사는 은성PSD가 현장 근로자 대신 서울메트로 출신 전적자들을 많이 고용했다는 점을 강하게 비판했다. 프로그램의 자막이 정리하기로는 "서울메트로 퇴직 후 편하게 월급을 받으며 생활"하던 메피아들로 인해 "인건비가 부족해 현장 근로자를 많이 뽑지 못"했던 것이 사고의 원인이라는 진단이었다. 진보 진영을 대표하는 패널인 유시민 작가 역시 무분별한 스크린도어 외주화를 촉발한 공공 부문 민영화 정책을 사고의 구조적 원인으로 지목했다. '외주화로 인한 타살'이라는 설명은 보수와 진보를 가리지 않고 널리 통용되는 구의역 사건의 합의된 내러티브가 된 것처럼 보였다.[12]

　　이 글은 위험 외주화라는 문제 제기의 큰 틀에 반대하기 위한 것이 아니다. 다만 이러한 틀 짓기가(다른 어떤 틀 짓기들과도 마찬가지로) 특수한 인간 및 기관 행위자만을 살인범으로 내세우며 특정한 사회-경제적 해결책만을 강제하고 있다는 점을 강조하고 싶은 것뿐이다. 예컨대, 외주화 내러티브하에서 "안전 관리 업무 인력의 직접 고용만이 유일한 해결책"이라고 주장하는 것은 일리 있는 지적이지만 해결책을 고용의 방식으로만 한정한다는 점에서 제한적이기도 하다.[13] 정규직이면 안전할 것이라는 넘겨짚기 식의 언론 보도에 5~8호선 지하철 노조가 이를 반박하는 보도 자료를 긴급히 배포했을 정도다. 이에 따르면, 스크린도어 정비 업무를 단독으로 수행한 적이 있는 정규직 노동자는 전체 응답자 중 무려 98퍼센트나 됐다. 보도 자료 발표회에

12　　JTBC '썰전', 170회, 2016년 6월 9일 자.

13　　「안전문 날림공사·외주관리 개선 없인 지하철 '제2의 구의역' 사고 계속된다」, 『경향신문』, 2016년 6월 2일 자.

참가한 한 노조원은 "정규직도 열차와 충돌하면 죽는다"고 외쳤다.[14] 고용의 형태는 위험을 야기하는 중요한 축이기는 하지만, 수리공 죽음의 단일한 원인은 아니었던 셈이다.

더욱 큰 문제는 '외주화에 의한 타살'이라는 내러티브가 사건을 이해하는 데 핵심적인 몇몇 정황을 충분히 설명해주지 못한다는 점이다. 일례로 우리는 19살 청년 수리공이 사고 당일 왜 선로 안쪽에 들어가야만 했는지조차 알지 못한다. 선로와 가깝기는 하지만 스크린도어는 엄연히 승강장의 경계에서 안쪽으로 수 센티미터 정도 떨어진 곳에 위치한다. 따라서 순진한 시선으로 바라보았을 때 스크린도어 정비의 전 과정은 선로 바깥쪽에서도 충분히 이루어질 수 있어야 한다. 그렇다면 철로를 점검하는 것도 아닌 성수역, 강남역, 구의역의 스크린도어 수리공들은 왜 하나같이 선로 바깥쪽이 아닌 안쪽에서 작업을 해야 했을까? 신자유주의의 광풍이 아무리 세다고 한들 그 자체가 수리공을 위험한 곳으로 밀어 넣을 수는 없는 노릇이다. '보이지 않는 손'인 외주화에게 물리력은 없다.

외주화는 어떻게 고 김 군을 열차와 충돌하게 했을까? 구의역 사고의 내러티브가 설득력을 얻기 위해서는 수리공이 위험한 시간, 위험한 장소에 놓여 있을 수밖에 없었던 이유를 보다 상세하게 설명해낼 수 있어야 한다. 이를 위해서는 무엇보다도 수리공들이 위험한 노동을 수행하도록 직접적으로 강제한 물리적 환경, 즉 스크린도어와 지하철 승강장이라는 고 김 군의 일터를 구의역 사고의 내러티브 안으로 끌어들여야 한다. 이한열의 죽음과 독재 정권 사이에 최루탄이라는 물리적 매개체가 있었던 것처럼, 고 김 군과 외주화 사이에는 지하철과 스크린도어라는 기계가 있다. 고 김 군은 다른 일을 하다 죽은 것이 아니라 스크린도어를 고치다 죽었다. "외주화에 의한 타살"이라는 구의역 사고의

---

14   「'직영' 5~8호선 스크린도어, 정말 괜찮나?」, 『참여와 혁신』, 2016년 6월 14일 자.

내러티브는 따라서 수리공, 스크린도어, 그리고 외주화의
관계를 치밀하게 엮어내는 것을 통해 설득력을 얻을 수 있다.
사고에 대한 내러티브는 기계에 대한 비평적 시선과 겹쳐질
때 비로소 두텁게 기술된다.

3.

수리공, 스크린도어, 그리고 외주화의 관계를 어떻게 엮어낼
것인가? 나는 고 김 군이 한 명의 청년 비정규직 노동자로서
박한 월급과 과중한 업무에 시달렸을 뿐만 아니라, 한 명의
수리공으로서 스크린도어라는 근본적으로 잘못 설계된
기술의 위험까지 떠맡았음을 강조하고자 한다. 그는 이미
망가져 위험하게 삐걱거리는 지하철 시스템을 애써 움직이게
하는 윤활유와 같은 존재였다. 이미 망가진 상태였던
스크린도어를 들춰보면 외주화의 또 다른 문제점이 드러난다.

이미 망가진 지하철 시스템

윤활유로서 고 김 군이 떠맡아야 했던 마찰은 무엇인가?
스크린도어를 기점으로 할 때, 지하철은 크게 궤도부와
고정부의 두 범주로 나눠진다. 궤도부는 말 그대로 지하철을
궤도 위에서 움직이게 하는 사회적, 기술적 구성 요소로
지하철 차체, 철도, 신호 시스템, 기관사, 사령실 등이 여기에
포함된다. 반면 고정부는 지하철 승강장에 고정되어 승객과
마주치는 요소로 출입문 검표기, 각 역사의 역무실과 역무원,
개별 관제 장비 등으로 구성된다. 이 개략적 구분상에서
승강장과 열차의 사이에 위치하는 스크린도어는 궤도부와
고정부가 만나는 접촉면, 즉 인터페이스에 해당한다고 할 수
있을 것이다.[15] 서로 다른 속도를 가진 두 물체가 미끄러지며
접촉했을 때 마찰이 발생하는 것처럼, 움직이는 궤도부와
움직이지 않는 고정부의 경계면인 스크린도어도 여러 종류의

15   강윤재, 「기술적 해결을 통한 위험 관리의 가능성과 한계」,
      『과학기술학연구』, 10권 2호, 2010년, 77-105쪽.

마찰력에 시달린다.

스크린도어에서 발생하는 마찰은 근본적으로는 물리적이지만 보다 중요하게는 기술적, 조직적, 경제적이기도 하다. 예컨대 스크린도어는 승강장에 진입하는 지하철이 발생시키는 풍압이나 먼지에 쉽게 망가지는데 이를 방지하기 위해서는 극한 환경에 잘 견디는 기술적 디자인과 꾸준한 보수 작업이 필요하다. 또 스크린도어가 열차와의 간섭으로 전자적 장애가 발생했을 때 이를 재빨리 감지하고 수리하는 책임이 궤도부에 해당하는 조직인 종합사령실에 있는지, 고정부의 조직인 해당 역사의 역무원에게 있는지에 대한 사회조직적 조정도 필요하다. 이 모든 마찰을 관리하는 데에는 경제적 비용이 든다. 스크린도어에서 발생하는 물리적, 조직적, 기술적, 경제적 마찰은 서로 맞물려 돌아가며 어느 하나가 따로 떨어져 존재하지 않는다.

스크린도어가 발생시키는 여러 가지 마찰을 효율적으로 관리하는 일은 지하철 인프라 전체의 성패를 좌우하는 핵심적인 문제다. 하루에만 수백 번 열리고 닫히며 총 720만 명의 사람을 통과시키는 스크린도어 중 하나만 문제를 일으켜도 지하철 순환 전체에 예기치 않은 경색이 올 수 있기 때문이다.[16] 문제는 이 마찰을 해결하는 방식의 차이다. 지하철 당국은 기계적, 전자적으로 더 신뢰할 만한 스크린도어와 운영 시스템을 만드는 대신 삐걱거리는 시스템을 저렴한 노동이라는 경제적이고 생물학적인 방법으로 보완하는 방법을 취했다. 불완전한 시스템을

---

[16] 고 김 군이 수리한 2호선만이 고리의 형태를 띠고 있지만, 사실 모든 지하철은 그 본질상 끊임없이 순환한다. 이 순환의 속도를 일정하고 신속하게 유지해서 사람들을 제 갈 곳으로 실어 나르는 일은 도시의 생명을 유지하는 데 필수적이다. 열차가 단 5분만 지연돼도 지하철 여객 운송 약관에 의거해 지연 증명서를 발급받을 수 있다는 사실이 이를 단적으로 보여준다.

유지하는 일에서 오는 위험은 고 김 군에게 고스란히
전가됐다.

물리적 마찰력

승객의 관점에서 스크린도어의 물리적 마찰을 보는 경험은
흔하지 않다. 수도권에 거주할 때는 하루 평균 2시간 이상을
지하철에서 보냈던 나지만 스크린도어가 말썽을 부리는 것을
본 경험은 몇 번 없다. 지하철을 사용하는 대부분의 경험은
"스크린도어가 닫힙니다"라고 낭랑하게 공지하는 안내 방송의
목소리만큼이나 매끄럽다. 설사 문제가 생기더라도 바쁜
걸음으로 스쳐 지나가면 그만이다. 그러나 스크린도어를
유지, 보수하는 고 김 군의 시선에서 이 매끄러움은
자연적으로 주어지는 것이 아니었다. 통계가 보여주는 고장
횟수만 봐도 그렇다. 서울시가 공개한 스크린도어 장애 건수
기록에 의하면, 스크린도어는 지난 1년간 기록된 것만 해도
무려 3000회 이상의 장애 및 고장을 일으켰다.[17] 평균적으로
하루에 8번씩은 어디에선가 스크린도어 고장이 발생한
셈이다. 고 김 군과 같은 수리공들이 바삐 움직이지 않았다면
매끄러워 보이는 스크린도어 시스템은 항상 망가진 상태에
있었을 것이다.

　　무엇이 그렇게 자주 망가졌을까? 승객의 실수로 인한
장애를 제외한다면 스크린도어 고장의 압도적 다수를
차지하는 것은 장애물검지센서라 불리는 부품의 불량이다.
장애물검지센서는 스크린도어의 여러 구성 요소 중 하나로
선로의 안쪽에 장치되어 적외선을 활용해 열차와 스크린도어
사이에 물질이 있는지를 감지하는 역할을 한다. 한쪽
센서(발광부)에서 출발한 빛이 건너편 센서(수광부)에 문제
없이 도달하면 장애물이 없는 것으로 판단한다. 스크린도어와
출입문 사이에 사람이 끼인 상태에서 열차가 함부로 출발하는

17　「서울 지하철 스크린도어 하루 8번씩 고장」, 『한국일보』,
　　2016년 10월 11일 자.

일이 없도록 감시하는 일이 이 센서의 역할이다.

　　장애물검지센서는 선로 안쪽에 위치하기 때문에 선로에서 발생하는 먼지, 바람, 습기에 취약하다. 특히 비가 오는 날이면 빗물과 진흙이 센서 표면에 묻어서 정상적인 작동을 방해한다. 장애물검지센서가 더러워져서 고장을 일으킬 때마다 용역 업체의 수리공들은 선로 안쪽으로 아슬아슬하게 기어 들어가 센서 표면을 슥슥 닦아내서 이를 다시 매끄럽고 투명하게 만들었다. 정비라고 부르기에도 애매할 정도로 단순한 이 세정 작업이 고 김 군이 그토록 바쁠 수밖에 없었던 이유였다.

　　청년의 재빠른 몸짓으로도 대략 20초 정도 걸리는 청소는 언제든 열차와의 충돌 위험이 상존하는 위태로운 작업이었다. 하지만 수백만 명의 승객이 기다리는 와중에 너무나 자주 고장 나는 장애물검지센서를 내버려둘 수도 없는 일이었다. 서울메트로와 한 시간 이내에 모든 장애에 대처하기로 계약한 수리공들은 위험을 무릅쓰고 선로 안으로 들어갔다. 구의역의 고 김 군뿐만 아니라 강남역, 성수역의 수리공들도 모두 이와 같은 변칙적인 방법으로 장애물검지센서를 정비하다가 열차에 치여 목숨을 잃었다. 수리공들의 일손이 바쁠 때는 심지어 정규직 역무원들마저 이 센서 청소 작업에 동원되었다. 선로 측 작업을 조금이라도 피하고 싶었던 역무원들은 긴 막대기 끝에 수건을 부착한 일명 '청소봉'을 만들어 선로 안쪽으로 쭉 집어넣고 휘적휘적 센서를 닦아내기도 했다. 비정규직인 고 김 군에게는 청소봉과 같은 조악한 편법조차 허락되지 않았다.

　　그렇다면 고 김 군의 죽음은 궤도부와 고정부 사이에서 필연적으로 발생하는 먼지를 닦다가 발생한 자연스러운 사고였나? 비상식적으로 자주 발생한 스크린도어 고장의 근원에는 숨어 있는 외주화의 문제가 있다. 여러 전문가들은 장애물검지센서를 포함한 다양한 스크린도어 고장의 가장 근본적 원인으로 저가 유도 입찰제와 시간에 쫓긴 졸속 공사를 꼽는다. 안전보다는 경제성을 중요시해 분할 발주로 스크린도어를 들여오다 보니 먼지에 취약한 저렴한 센서를 사용할 수밖에 없었고 따라서 고장이 잦아졌다는 것이다. 실제로 분할 발주한 스크린도어는 그렇지 않은 스크린도어보다 무려 4배나 자주 망가진다. 시간에 쫓기느라 시운전도 제대로 시행하지 않아 물리적 환경에 대한 견고성이나 고장을 줄일 수 있는 합리적인 디자인 방안도 미리 논의되지 못했다. 예컨대 수리공이 애초에 선로 안쪽으로 들어가지 않도록 센서의 위치를 조정하는 것도 이 문제의 공학적 해법 중 하나였을 것이다. 위험 작업을 외주화하고 원가를 절감하는 경향은 감지 센서의 불량이라는 형태로 물질화된 것에 다름 아니다. 고 김 군에게 외주화의 위험은 불량 센서의 모습으로 왔다.[18]

성수역과 강남역 사고 당시 서울메트로는 부실한 장애물검지센서의 문제를 누구보다도 잘 알고 있었다. 서울메트로는 센서를 좀 더 튼튼하고 안전 관리에도 수월한 제품으로 교체하는 자체적인 대안을 제시하기도 했다. 예컨대 정수영 서울메트로 안전관리본부장은 "안전문 장애물 감지센서가 이물질에 의해 고장이 많이 나는데 레이저 스캐너로 바꾸면 다소 예산이 소요되지만 선로 측이 아니라 승강장 쪽에서 열고 정비할 수 있다"고 밝힌 바 있다.[19] 적외선 방식인 현재 센서를 레이저 방식으로 바꾸면 손도 덜 가고 심지어 수리공이 선로 안으로 들어갈 필요도 없는 위치에 장착할 수 있다는 뜻이었다. 2014년 서울시 핵심가치 이행실적보고서는 이와 같은 스크린도어의 장애물검지센서 개선을 "작업자 안전 확보"를 위한 성과로 꼽기까지 했다. 그러나 '레이저 스캐너'로의 전환은 충분히 빠르지 못했다. 강남역 사고가 발생한 2015년 8월부터 구의역 사고까지

---

18   이승우, 오선근, 「구의역 사고는 왜 발생했는가:
      조직사고론적 접근」, 사회공공연구원 연구보고서, 2016년.

19   「서울메트로 "승강장 안전작업 강화·직영도 검토"(종합)」,
      『뉴스1』, 2015년 9월 3일 자.

9개월여 동안 "레이저 스캐너는 전체 121개역 가운데 16개역에서 교체가 된 상태"로 머물렀다.[20] 지연된 센서 교체는 또 다른 수리공의 죽음을 불렀다.

사회조직적 마찰력

고 김 군은 물리적인 마찰을 넘어 사회조직적 마찰도 매끄럽게 만드는 역할도 했다. 궤도부의 안전은 열차의 운행을 관장하는 종합사령실이, 고정부의 안전은 해당 역의 역무원들이 책임진다. 그런데 스크린도어의 안전은 궤도부와 고정부의 관할이 겹치는 지점에서 발생하는 문제다. 따라서 고 김 군과 같은 스크린도어 수리공들은 원칙상 양쪽 조직의 허가를 모두 받은 뒤 업무에 임해야 했다. 실제로 은성PSD의 스크린도어 수리공 매뉴얼은 스크린도어를 여는 '마스터키'를 역무원으로부터 반출받아 사용하도록 하여 '고정부'의 허락을 받고, 선로 진입 시 전자운영실을 통해 종합사령실에 보고하는 것으로 '궤도부'의 허락을 받도록 규정했다. 성수역, 강남역 사고 이후 이 매뉴얼은 더 엄격해지기까지 했다.

하지만 고 김 군의 실제 노동은 매뉴얼이 정의한 것처럼 매끄럽게 이루어지지 않았다. 수많은 장애에 대처하기 바빴던 고 김 군은 두 조직의 어느 곳에도 허락을 받지 않고 선로 안쪽으로 들어가곤 했다. 모든 장애를 일일이 보고하고 허락받는 여유로운 태도로는 도저히 망가진 시스템을 유지할 수 없었다. 역무실이나 종합사령실을 거치면 '2인 1조' 원칙을 지키지 않는다는 사실이 들통날 것이 뻔했다. 만성적인 시간 제약하에서 일상화된 관행은 수리공 선배에서 후배에게 전수되면서 실질적인 매뉴얼로 자리잡았다.[21]

그렇다고 해서 수리공들의 위험한 관행을 개개인의 '안전

---

20 「'나홀로 작업' 스크린도어 사고만 3차례… 매뉴얼 무시한 인재」, 『연합뉴스』, 2016년 5월 29일 자.

21 이승우, 오선근, 「구의역 사고는 왜 발생했는가: 조직사고론적 접근」.

불감증'으로 치부하는 것은 합당하지 못하다. 조직적인 일탈은 오직 관리 감독의 조직적인 부재 덕분에 가능했기 때문이다. 실제로 궤도부 조직인 종합사령실과 고정부 조직인 역무원은 열차의 신속한 운행을 위해 수리공들이 매뉴얼을 어기는 것을 사실상 방치했다. 고 김 군과 같은 사람들이 마스터키를 몰래 가져가 스크린도어 장애를 알아서 해결해주면 이들은 인터페이스에서 발생하는 잡음에 신경 쓰지 않고 각자의 일에 집중할 수 있었다. 고 김 군은 궤도부와 고정부 양쪽 모두에게 껄끄러운 업무였던 경계면의 마찰을 위험하지만 신속하게 해결해주는 고마운 존재였다. 그는 암묵적으로 유지되던 감시의 공백에서 보이지 않는 노동을 수행했다.

사회조직이 만든 관리 감독의 공백은 또한 감시 기술의 공백 덕분에 가능했다. 궤도부 및 고정부, 경계면 사이에 인적 소통이 부족했던 것처럼 지하철을 운행하는 전산 시스템 역시 서로 다른 결의 기술들이 얼기설기 얽힌 부실한 상태로 머물렀다. 기차를 조종하는 관제 시스템, 신호 시스템, 교통 카드 기록을 담당하는 전자 운영 시스템, 그리고 스크린도어를 담당하는 제어 시스템은 충분히 연동되어 있지 않은 채 모두 제각기 움직였다. 열차의 운행 상황과 전자 운영의 '컨트롤 타워'라고 할 수 있는 전자운영실의 직원마저도 스크린도어 장애와 열차의 위치를 한눈에 파악할 수 없었다. 만약 안전 관리 직원이 한시도 눈을 떼지 않는 전자 운영용 스크린상에 열차의 운행 상황과 스크린도어의 개폐 상황이 동시에 보였다면 구의역 사고를 막는 일은 훨씬 쉬웠을 것이다. 만약 스크린도어가 열린 역으로 열차가 진입할 때 해당 기관사에게 자동으로 경고 신호를 보내는 시스템이 있었다면 더욱 좋았을 것이다. 그러나 사고 당일 고 김 군의 위치는 넓다란 스크린의 그 어디에도 나타나지 않았다. 그는 스크린도어 수리 매뉴얼이 지정한 '코드'를 어긴 것과 비슷하게 전산 시스템의 '코드'도 쉽게 무력화시킬 수 있는 존재였다.

강남역 사고 이후 서울메트로는 좀 더 많은 비용이

들더라도 여러 전자적 시스템을 한데 모아 보다 균일하고
체계적인 지하철 운영 체제를 만들 수도 있었을 것이다.
하지만 이처럼 통일된 시스템을 구축하는 일은 수많은 인간과
비인간의 마음을 사야 가능한 일이었다.[22] 궤도부, 고정부,
경계면에서 나름의 방식대로 일하는 직원, 기계, 프로그램을
다시 연결하고, 조이고, 학습시켜야 비로소 가능한 일이었을
것이다. 만약 시스템의 재구성을 위한 충분한 자금이
있었더라도 온갖 일을 외주화시켜서 조직적으로 분열된
상태였던 서울메트로에게 이것이 가능했을지는 의문이다.
사회적으로 분열된 조직이었던 서울메트로는 분열된 기술
시스템을 낳았다. 고 김 군은 사회-기술 시스템의 균열
사이에서 목숨을 잃었다.

경제적 마찰력

고 김 군은 스크린도어를 유지하는 데 필요한 비용을
최소화하는 역할까지 수행했다. 스크린도어 자체가
상당히 값비싼 기계라는 점을 감안하면 고 김 군이 경제적
마찰을 해소하는 데 기여한 바는 상당하다. 한 지하철역당
스크린도어를 설치하는 비용은 종류와 역사의 조건에 따라
적게는 15억에서 많게는 25억 원에 이른다. 이렇게 비싼 값을
들여서 연간 수백 번이나 고장 나는 스크린도어를 도입했다는
것도 답답한 일이지만 그 수많은 결함을 밥도 못 먹어가며
수리하는 고 김 군에게 월급으로 고작 144만 원이 지급됐다는
사실은 더더욱 한탄스러운 점이다. 스크린도어의 도입 과정이
불합리한 외주화의 결정체라는 점에는 아무런 의심의 여지가
없다.

하지만 고 김 군의 적은 임금보다 훨씬 심각한 문제는
따로 있었다. 바로 스크린도어가 애초부터 수리공의
목숨을 담보로 광고 수익을 내기 위해 특수하게 고안되고

---

[22]   Bruno Latour, *Aramis, or, the Love of Technology*,
       Cambridge/MA: Harvard University Press, 1996.

합의된 기술이라는 점이다. 스크린도어 대부분은 유리벽의 절반이 안팎으로 열리지 않도록 볼트로 체결된 고정문이다. 궤도부에서 사고가 났을 때 고정부로 통하는 비상구 역할을 해야 할 스크린도어가 절반밖에 열리지 않는다는 것은 비상식적이다. SBS '그것이 알고싶다' 제작진은 비상 탈출이 불가능한 이 스크린도어 디자인을 "출구 없는 유리 감옥"이라고 불렀다.[23] 유리 감옥은 그 안쪽에서 장애물검지센서를 청소하는 고 김 군에게 특별히 더 위험했다. 스크린도어의 열리는 문 뒤쪽에 설치된 장애물검지센서는 문을 열고 안전하게 닦을 수 있지만, 고정문 뒤쪽에 설치된 장애물검지센서는 승강장 쪽에서 접근하는 것이 물리적으로 불가능하다. 이러한 스크린도어의 디자인은 수리공을 선로 안쪽으로 들어가도록 강제하는 요소였다.

디자이너의 어리석은 실수로 보일 수 있는 이 고정문의 존재는 사실 치열하고 잔인한 협상의 결과물이자 외주화의 결정체다. 2004년 스크린도어가 처음 도입될 때 서울메트로는 승객과 수리공의 안전을 이유로 열차 한 량당 8개의 스크린도어 문이 열리는 비상문으로 디자인하는 것을 제안했다. 하지만 스크린도어 제작과 보수를 독점한 유진메트로컴은 비상문의 수를 한 량당 2개로 대폭 줄이는 것을 주장했다. 고정문에 각종 광고판을 설치해서 수익을 내야 한다는 것이 주 이유였다. 스크린도어를 최대한 싸게 도입하려 했던 서울메트로는 유진메트로컴의 요구에 응할 수밖에 없었고 결과적으로 비상문의 숫자는 4개로 합의되었다. 수리공의 승강장 측 작업을 보장하기에 턱없이 부족한 수였다. 서울메트로와 유진메트로컴은 구의역 사고가 일어나기 10년도 더 전에 이미 사고 현장을 만들어놓은 셈이다.

---

23 「지하철 2호선 괴담」, SBS '그것이 알고싶다', 1037회, 2016년 6월 25일 자.

서울 지하철 5호선 군자역에서 서울도시철도공사 관계자들이 비상문을 가로막고
있던 스크린도어 광고판을 철거하고 있다. 스크린도어를 '출구 없는 유리 감옥'으로
만든 두꺼운 광고판은 스크린도어 수리공들이 선로 안쪽에서 작업해야만 했던 근본적
이유이자 비상시 긴급 탈출을 어렵게 한 물리적 요인이었다. 2016년 6월 17일.

고 김 군의 목숨을 저울에 올려놓은 대가로
서울메트로와 유진메트로컴은 효과적인 광고 매체를
얻었다. 지하철 광고대행사는 스크린도어 광고가 지하철을
탑승하는 승객의 "반강제적인" 시선을 유도한다는 점에서
"최고의 노출도와 주목도"를 자랑하는 강력한 홍보 매체라고
자랑한다.[24] 여러 광고학 연구들은 특히 스마트폰 사용자에
대한 스크린도어의 뛰어난 광고 효과를 증명한다. 승객들의
스마트폰 사용이 증가하며 지하철 내부나 역사의 포스터
광고를 보는 사람은 줄었지만 상대적으로 승강장 스크린도어
광고를 보는 시간은 오히려 증가했다는 것이다.[25] 5~8호선의
스크린도어에 게시된 광고 중 점유율 1위를 차지한 것이
스마트폰 기반의 모바일 게임 광고인 것은 절대 우연이
아니다.[26] 지하철 안에서 무료한 출퇴근 시간을 때워야 하는
승객들에게 스마트폰 게임을 설치하라는 스크린도어의
유혹은 매력적이다. 스크린도어 광고판-지하철-스마트폰의
기계 연합은 자본의 성공적인 순환을 돕는다. 이 매끄러운
경제적 순환 역시 고 김 군의 '반강제적인' 위험한 노동 덕분에
가능했다.

　　4.
지금까지 살펴본 스크린도어의 물리적, 사회조직적, 경제적
마찰에 주의를 기울인다면, '스크린도어 정비를 하던 청년이
사망했다'는 명제는 새로운 행위자를 포함하는 방식으로 다시
쓰일 수 있을 것이다. 장애물검지센서, 지하철 운영 시스템,

24　위나이스 지하철 광고. https://www.wenice.co.kr/
　　subway
25　양병화, 김성훈, 박준석, 「지하철광고의
　　커뮤니케이션효과와 매체효과」, 『OOH광고학연구』, 5권
　　1호, 2008년, 5~28쪽.
26　「강남역 이 광고 임대료, 명동 안 부럽다」, 『중앙일보』,
　　2015년 11월 20일 자.

고정된 광고판을 포함한 사건의 내러티브는 고 김 군의
사망을 보다 폭넓은 방식으로 조명한다.

'스크린도어 정비를 하던 청년이 사망했다'

◇ 기존 내러티브
서울메트로가 안전 업무를 외주화하고 비용을 최소화해서
2인 1조가 아니라 혼자서 스크린도어를 정비하던
용역업체 청년이 사망했다.

◆ 추가된 내러티브
— 선로 안쪽에서만 접근 가능하고 물리적 충격에 취약한
스크린도어의 장애물검지센서를 정비하던 청년이
사망했다.
— 문이 열리는 것의 위험을 사회조직적, 기술적으로
감시하지 못했던 서울메트로의 스크린도어를 정비하던
청년이 사망했다.
— 출입구가 광고판으로 고정되어 '출구 없는 유리
감옥'이었던 스크린도어를 선로 안쪽에서 정비하던
청년이 사망했다.

이렇게 다시 쓰인 구의역 사고의 내러티브는 그동안 충분히
합의되었다고 간주되었던 문제들을 풀어헤쳐서 다시금
물음을 던진다. 첫 번째는 '외주화'의 본질에 대한 물음이다.
외주화는 어떻게 고 김 군의 목숨을 앗아갔는가? 확장된
내러티브는 구의역 사고가 안전 관리의 외주화에 큰 영향을
받았다는 사실을 부정하지 않는다. 이는 오히려 비교적
단순하게 이해되던 외주화의 위험이 경제적일 뿐 아니라
기술적, 사회적, 기계적이었다는 사실을 밝힌다. 외주화는
'메피아'의 횡포로 인한 낮은 임금과 촉박한 작업 시간뿐만
아니라 부실한 센서, 조각난 운영 시스템, 고정된 광고판 등의
물질적인 매체를 통해서 고 김 군에게 왔다. 이러한 설명은

서로 배타적이라기보다는 병렬적이어서 서로가 서로를 지탱하며 내러티브 전반의 신뢰도를 높인다. 다양한 경로의 설명을 교차시키는 작업을 통해 '외주화에 의한 타살'이라는 내러티브는 보다 치밀하고 두터워진다.[27]

두 번째는 사고의 대책에 대한 물음이다. 구의역과 유사한 스크린도어 사고를 없애기 위해서는 어떤 대책을 취해야 하는가? 확장된 내러티브는 '안전 관리를 직영화하는 것이 유일한 대책'이라는 통쾌하지만 단편적인 주장의 한계를 지적한다. 애초에 부실했던 센서와 전산 시스템을 방치한 채 정규직과 비정규직의 간극만 없앤다면 미래의 스크린도어 사고를 방지할 수 있을 것인가? 혹은 장애물검지센서만을 더 튼튼한 것으로 교체한 채 이를 관리 감독할 사회조직적, 기술적 체계를 여전히 분열된 것으로 둔다면 사고는 더 이상 발생하지 않을 것인가? 사고의 내러티브가 두터워질수록 사고의 대책도 다층적으로 분화한다. 출발지와 도착지가 같은 두 반응이 서로 다른 경로를 따르면 상이한 부산물을 내놓는 것과 같이, 참사를 여러 방식으로 이해하는 과정을 통해 우리는 서로 다른 방향성을 지닌 교훈과 해결책을 도출할 수 있다.

세 번째는 사고 조사와 책임사 저빌이라는 활동에 대한 물음이다. 누가 고 김 군의 죽음에 책임을 질 것인가? 사고 직후부터 경찰과 서울시는 현장의 책임만을 묻는 '피상적 원인 규명'을 넘어 보다 심도 깊은 '구조적 원인 규명'을 실시하겠다고 밝혔다. 경찰은 "구의역 역무실과 용역업체뿐만 아니라 서울메트로 등 유관기관을 모두 수사 대상에 올리고 지하철 안전사고의 '구조적 문제'를 파헤치겠다"고 했다.[28] 박원순 서울 시장 역시 기자회견에서 "전관 채용, 이른바 메피아를 확실히 뿌리뽑"기 위해 "책임질 사람은 책임지게

27   이강원, 『재난과 살다』, 서울대학교출판문화원, 2017년 참고.

28   「경찰 "구의역 스크린도어 사고 구조적 문제 파헤치겠다"」, 『연합뉴스』, 2016년 5월 30일 자.

하겠"다는 강력한 의지를 표명했다.[29]

　　하지만 두 조사 기관의 활동이 종료된 현 시점에서
과연 이들이 파헤치겠다고 단언한 "구조적 원인"이 충분히
규명되었는지 의문이다. 2016년 11월 경찰은 사고 당일 안전
책임자였던 구의역 역장, 은성PSD 대표, 서울메트로 대표 등
사건과 가장 직접적으로 연관된 14명만을 검찰에 송치하고
구의역 사고 수사를 종결했다.[30] 수사 결과만을 놓고 보자면
경찰은 구의역 사고를 2016년 5월 28일 하루 동안 일어난
사건으로 한정하고 있는 것처럼 보였다. 구의역의 역장과
스크린도어의 관리자만이 사고의 '구조적 원인'을 제공한
'메피아'의 전부일까? 사고가 일어나기 10년 전부터 이미
무대를 만들고 시나리오를 작성한 사람들은 지금 어디에서
무엇을 하고 있는가? SBS '그것이 알고싶다'의 진행자인
김상중 씨는 '메피아'라는 단어가 낙인처럼 작용해서 외주화의
보다 심각하고 조직적, 기술적 문제를 은닉하는 데 동원된
것은 아닌지 물었다.

　　처음 김 군의 사고를, 또 3년 전 신 팀장의 사망을 개인
　　과실로 몰고 갔던 그들[서울메트로와 은성PSD의 고위
　　직원]을 앞장서 대변할 생각은 없습니다. 하지만 그들만이
　　원인의 전부인 양 몰아가는 지금의 상황은 분명 문제가
　　있어 보입니다. 진짜 원인을 제거해야 다음 비극을 막을
　　수가 있습니다. 세 수리공의 목숨을 앗아간 것은 부실
　　공사로 지어진 스크린도어와 대형 광고가 부착된 고정문
　　탓이었습니다. 그것을 만들어냈고 또 그것을 고집해온
　　진짜 메피아를 꼭 찾아내 그 책임을 엄중히 묻기를 거듭
　　당부 드립니다.[31]

29　　박원순 서울시장 기자회견문, 2016년 6월 7일 자.

30　　「'구의역 스크린도어 사고' 경찰 수사 종결… 14명 입건」,
　　　『연합뉴스』, 2016년 11월 10일 자.

31　　「지하철 2호선 괴담」, SBS '그것이 알고싶다', 1037회,

김상중 씨가 말한 '진짜 메피아'에게 책임을 묻기 위해서는 두터운 내러티브 속에서 발생하는 질문의 연쇄 작용에 귀를 기울여야 한다. 왜 장애물검지센서는 애초부터 레이저 스캐너로 디자인되지 못했나? 분할 발주와 성급한 도입을 결정한 사람은 누구인가? 누가 스크린도어의 부실한 설계에 관여했는가? 꼬리에 꼬리를 무는 질문에 대답하면서 우리는 구의역 사고의 책임이 진정 책임져야 할 사람들에게 정의롭게 배분되고 있는지 검토해볼 수 있을 것이다.

5.

2016년 7월 28일, 서울시가 "사고 발생의 근원적·구조적 원인을 조사·분석하여 투명하고 객관적인 진상 규명을" 실시하기 위해 구성한 '구의역사고진상규명위원회'는 300쪽이 넘는 분량의 사고 조사 보고서를 발간하고 조사 결과를 발표했다. 보고서는 사고의 원인을 설명하는 부분에서 "승강장 안전문 장애물검지센서 청소 작업 개선 미이행"과 "승강장 안전문의 고정문 가동 형식 부적정" 등 스크린도어의 디자인적 요소를 여러 문제점 중 하나로 지목하고 해결책을 제시하였다. 서울시는 가장 큰 문제였던 장애물검지센서를 2016년 연말까지 레이저를 사용하는 제품으로 우선 교체하겠다고 밝히기도 했다. 하지만 장애물검지센서의 교체는 사고로부터 1년이 지난 2017년 5월까지도 41개 역에서 지연되었다.[32] 2주기인 2018년 5월까지 고정문 교체 대상인 253개 역사 중 개폐 가능한 비상문으로 변경된 지하철역은 고작 19개에 불과했다.[33] 사고 당일 잘못한 사람들을 파면하고 징계하는 일에 비해, 오랫동안 그 자리에 머물면서 사고의

2016년 6월 25일 자.

32   「구의역 사고 1년… '안전 우선'으로 방향 전환했으나 갈 길 멀다」, 『연합신문』, 2017년 5월 23일 자.

33   「구의역 2년… 안전의 외주화 바로잡고 사람투자 늘렸다」, 서울시 보도자료, 2018년 5월 24일 자.

사고 후 새로 교체된 구의역 스크린도어 레이저 센서.

배경이 된 기계를 바꿔내는 데는 훨씬 더 큰 노력과 시간과
비용이 필요했다.

2016년 8월 26일 구의역 9-4 승강장에서 거행된 고 김
군의 위령표 제막식에서 제단에 올려진 컵라면 한 통은 지금
우리 사회가 이 사건을 서사하는 방식을 단적으로 보여준다.
고 김 군의 박한 봉급과 과도한 업무를 상징하는 컵라면은
구의역 사고라는 이야기에 등장하는 가장 강력한 물건이
되었다. 김상중 씨가 장애물검지센서의 실물을 들고 카메라
앞에 서면서 시청자들에게 전하고 싶었던 이야기는 아마도
그 기계를 통해서만 볼 수 있는 구의역 사고의 또 다른 원인이
존재한다는 사실이었을 것이다. 우리는 김상중 씨의 바람처럼
컵라면의 자리를 적외선 센서에게도 허락할 수 있을까?
그렇지 못한다면, 우리는 "사고 발생의 근원적·구조적
원인"을 해결할 수 있을까.

테크노스케이프는 테크놀로지를 통해 매개된 풍경이고,
테크놀로지가 가능케 하는 풍경이며, 테크놀로지만을
통해서 볼 수 있는 풍경이다. 만일 우리의 존재를 축소하여
카세트테이프에 넣었다면 그 안에 갇힌 우리의 눈에 보일 그
풍경이 테크노스케이프이다.

이영준, 「테크노스케이프:
모든 것은 모니터에 나타나기 위해 존재한다」,
『기계산책자』,
이음, 2012년, 190쪽.

1964년에 열린 뉴욕세계박람회에 전시된 완전 자동화된 학습 기계 모델. 루이스 멈포드는 이 장치를 '학습 유충'이라고 불렀다. 노골적인 경멸과 분노의 표현이었다.

임태훈

노량진 학습 유충의 테크노스케이프

학습 유충의 시험 공화국

1964년에 열린 뉴욕세계박람회에는 완전 자동화된 학습 기계 모델이 전시됐다. 달걀 형태의 밀폐된 캡슐에 들어가서 동영상 강의를 듣는 장치였다. 『기계의 신화(The Myth of the Machine)』(1967)의 저자인 루이스 멈포드는 감옥 독방의 훈육이 표준적 학교 설비로 제안되었다는 사실에 경악했다. 그는 경멸과 분노를 감추지 않고 이 장치를 '학습 유충'이라고 불렀다.[1]

학습 유충의 아이디어는 21세기 한국에선 일상의 풍경이 되었다. 노트북과 스마트폰에 머리를 파묻고 인터넷 강의(이하 인강)을 수강하는 수험생의 모습은 카페부터 고시원에 이르기까지 어디에서나 볼 수 있다. 하지만 이들의 공부에 정당한 대가를 보상할 수 없는 것이 오늘날 우리 사회가 처한 한계다.

교육사학자 이경숙은 『시험국민의 탄생』에서 한국인은 시험이 없는 사회를 살아보지 못했다고 단언한다. "학교 안이건 밖이건 대한민국 사람들 모두에게 공통되는 생애의 교육과정"[2]은 시험이기 때문이다. 해방 이후 국가는 시험을 손쉬운 통제 장치로 사용했다. 국가는 시험으로 국민을 만들었고 시험을 통한 경쟁을 공정함과 사회정의로 간주했다. 이런 체제가 많은 문제점에도 불구하고 오랜 세월 존속될 수 있었던 것은 경제 성장이 꾸준히 이어졌기 때문이었다. 그러나 저성장 사회로의 진입이 가시화된 지금은 학습 유충의 비참함에서 벗어나지 못하는 시험국민이 폭발적으로

---

[1] 루이스 멈포드, 『기계의 신화 2: 권력의 펜타곤』, 김종달 옮김, 경북대학교출판부, 2013년, 380쪽.

[2] 이경숙, 『시험국민의 탄생』, 푸른역사, 2017년, 15쪽.

늘어나고 있다.

인구 절벽, 지역 격차, 성차별, 학력 차별, 비정규직
확산, 중산층 붕괴, 악순환하는 성장과 분배의 구조, 청년
실업 등의 온갖 문제가 공무원 시험 쏠림 현상에 집약되어
있다. 외환 위기 이래로 한국 사회가 마땅히 준비해야 할 일을
하지 않았기 때문에 벌어진 현상이다. 희망을 걸어볼 미래가
공무원밖에 보이지 않는 사회는 사회라고도 할 수 없다.

죽은 공부를 끝장내기 위하여

더 이상 이런 공부를 하지 않으려면 이 길밖에 없다고 했다.
공무원 시험 준비생(이하 공시생[公試生]) A의 말이 잊히지
않는다.[3] 30대 초반의 경력 단절 여성인 A는 9급 공무원
시험을 2017년 4월에 응시했다. 같은 날 역대 최다인 25만
명이 시험을 치렀고, 직군별 최고 경쟁률은 244.7 대 1이었다.[4]

A는 3년 동안 공무원 시험을 준비했다. 주로 공부하던
책상은 매달 사용료를 내야 하는 독서실에 위치했다. 각종
교육 상품과 서비스 소비가 그 책상 위에서 이루어졌다. 작은
시장을 끌어안고 공부한 시간이었다. 여기에서도 노트북
또는 스마트폰은 필수품이다. 인강을 들어야 하기 때문이다.
학습 전용 태블릿 PC를 인강 서비스에 묶어서 판매하는
상품도 여럿이다. 웹캠과 각종 애플리케이션 소프트웨어는
정해진 학습량과 공부 시간을 관리하는 장치로 유용하다.
혼자서는 쓸 수 없고, 스터디 그룹으로 묶인 공시생들이
서로의 학습 목표 달성을 상호 감시하는 용도로 사용한다.

---

3 이 글을 준비하면서 인터뷰와 자료 수집, 노량진 학원가
   견학에 이르기까지 과정마다 각별한 도움을 주신 분들께
   고마움과 응원의 마음을 전한다. 실명을 밝히는 것을
   원치 않는 분이 대부분이어서 사례를 인용할 때는 알파벳
   이니셜로 표기했다.

4 김수연, 「오늘 9급 공무원시험… '역대 최다' 25만 명 응시」,
   『매일경제』, 2017년 4월 8일 자. https://goo.gl/LdkgeF

공무원 시험만이 아니라 수능 시험과 공인 영어 시험 대비, 각종 자격증 시험과 기업별 취업 대비 스터디에서 광범위하게 활용되는 이른바 '생활 스터디'의 기본 인터페이스 구성이다. 결국 공부하는 시간은 통신망에 접속해 데이터를 소비하는 시간에 비례하고, 공시생의 학습 공간은 네이버, 카카오, 구글 등의 거대 포털이 제공하는 커뮤니티 서비스와 학원 기업이 운영하는 온라인 교육 플랫폼에 연결된 말단 장치로 기능하게 된다.

A는 시험에 낙방할 때마다 노력 부족과 불운을 탓했다. 1년이면 끝낼 줄 알았던 공부가 해를 거듭하면서, 3년 동안 약 3000만 원의 돈을 썼다. 비슷한 처지의 공시생과 비교하더라도 엇비슷한 액수였다. 공시 준비에 관련된 것이 아니면 소비를 최소한으로 줄였기 때문에 이 정도로 버틸 수 있었다. 그 돈도 융통할 형편이 안 되는 사람들은 현실적으로 공무원 시험 준비를 할 수 없다고 했다. 3년 이상 이 생활을 이어온 장수생치고 몸과 정신, 통장이 만신창이가 되지 않은 사람이 없었다.

외환 위기와 함께 '평생직장' 개념이 무너지면서, 5년은커녕 2년 이상 장기 근속할 수 있는 회사가 드문 세상이 되었다. 청년 일자리는 비정규직이 대부분이다. 18세에서 29세 청년 중에서 정규직은 단 7퍼센트에 불과하다.[5] 저성장과 장기 불황이 계속되면서 청년 세대만이 아니라 전 연령이 고용 불안과 빈곤에 위협받고 있다. 최다 응시자, 최고 경쟁률 기록을 해마다 경신하고 있는 공무원 시험 열풍은 파국에 직면한 노동 생태계의 위기를 여실히 보여주는 현상이다.

어딜 가더라도 재취업 과정은 재교육의 연속이다. 수능 시험을 준비하던 무렵부터 20대를 지나 30대에 이를 때까지 시험 성적에 울고 웃는 수험생 생활이 청년들을 끊임없이 괴롭힌다. 이런 악순환의 반복은 돈까지 많이 든다. 공무원

---

5   정병순·김태욱, 『청년활동지원사업 운영모델 구축방안』, 서울연구원, 2016년 2월 25일, 57쪽.

시험은 그중에서도 최악의 수험 생활이지만, 합격하면 정년이 보장되는 직장을 가질 수 있기 때문에 해볼 만한 도전으로 여겨진다. 이 시험에는 응시 연령 제한, 학력 차별, 지역 차별, 성차별이 없다. 그래서 고등학생부터 40~50대 중장년층에 이르기까지 공무원 시험에 뛰어드는 이들이 급격하게 늘었다.

2017년 공무원 봉급표를 기준으로 9급 1호봉의 월 지급액은 139만 5800원이다.[6] 짧게는 1년에서 길게는 4~5년까지 하루 8시간 이상 공부하며 얻은 대가로는 박한 금액이지만, 지금과 같은 시대에 '평생직장'을 보장받는 신분이 된다는 것은 모두가 부러워하는 장점이다. 각종 수당과 복지 혜택, 자녀 학자금 지원, 육아휴직 제도와 주택 자금 대출까지 지원받을 수 있다.

앞으로 어떻게 될지 모를 일터에서 일한다는 것은 미래를 계획할 수 없는 사람으로 살아가는 일이다. 나이가 들수록 그 불안과 공포는 점점 더 커진다. 부자 되시라는 말이 유행어였던 시절도 있었지만, 오늘날엔 '안정'이 모두가 갈구하는 능력이자 축복이 되었다.[7] 공무원 시험 학원에서 무료로 배포하는 가이드북을 살펴보면, 20대 이상 미혼 남녀를 대상으로 한 직업 선호도 조사에서 공무원이 1위로 뽑혔음을 첫 장에서부터 강조한다. 합격자 수기들도 열심히 준비하면 충분히 이룰 수 있는 목표라고 용기를 불어넣는다. 누군가는 이런 이야기에 희망을 품고 공시생 생활을 시작한다. 30대 미혼 경력 단절 여성인 A가 이런 케이스의 전형이었다.

그녀가 가장 감명 깊게 읽은 합격 수기는 마흔여섯 나이에 공무원의 꿈을 이룬 여성 가장의 이야기였다.[8]

---

6   PMG 수험전략연구소, 『합격을 향한 첫걸음 공무원 가이드 북』, 박문각, 2017년, 15쪽.

7   근래 대중문화의 트렌드가 '빛'을 키워드로 재편되고 있다는 것도 눈여겨볼 현상이다.

8   고용노동부 고용지원실업급여과, 『저, 내일부터 출근해요』,

전문성, 학벌, 경력 무엇 하나 든든하지 못했던 세 아이의 엄마가 노력과 열정만으로 목표를 이루었으니, 그 사람보다 젊고 머리도 굳지 않은 자신이라면 너끈히 해낼 수 있으리라 믿었다. 하지만 A는 이번 시험에서도 낙방했다. 애초에 직장 생활을 그만둘 수밖에 없었던 건강 문제가 발목을 잡았다. 어느 해보다도 열심히 준비했지만 결정적인 시기에 몸 상태가 안 좋았다. 시험을 앞두고 응급실에 실려 가는 일마저 생겼다. 문제집을 버리고 텅 빈 통장을 확인하면서, 이런 공부를 더는 하지 않기로 다짐했다. A는 실패해서 포기하는 게 아니라 다르게 살기로 다짐한 거라고 누구에게든 우기고 싶었다. 하지만 얼마 지나지 않아 다시 이 길로 돌아올지 모르겠다고 약한 모습을 보였다. 작년에도 이랬다고 한다.

　이 세계의 비즈니스는 10대 시절부터 수험생 생활에 길들여진 '학습하는 신체'를 타깃으로 삼는다. 이 나라에선 합격과 고득점이 일상의 최우선 목표로 군림하는 일이 생애 주기마다 되풀이된다. 그때마다 자발적으로 생활 통제에 순응하는 행동 양식과 정서가 삶을 점유한다. 이것은 소수의 기업에 밀착되어 특정한 소비 패턴을 반복하는 일이기도 하다. 학습에만 갇히지 않고 사회적·경제적 능력을 온전히 발휘하는 '딴짓'이 늘어날수록 이 관계의 독점력은 교란된다. 그래서 이 시장의 비즈니스 언어에는 불확실한 미래에 대한 공포를 조장하는 동시에 인내와 노력, 희망이 강조된다. 딴짓 말고 공부의 기적을 믿으라는 전도이자, 100의 능력을 가진 사람들에게 90을 포기하고 10만 발휘하라는 쯤이다. 공무원 시험 시장뿐 아니라 불황에서 생존하려고 몸부림치는 이들을 겨냥한 온갖 비즈니스가 같은 메커니즘으로 작동한다.

　최악의 사회에도 상대적으로 평안하게 살 수 있는 한 줌의 집단은 있기 마련이다. 하지만 언제나 만원인 그 자리에서 공석이 나오기만을 기다리는 사람들을 최악의

2016 취업성공패키지 우수 사례집, 고용노동부, 2016년, 85~94쪽.

사회는 가장 잔인하게 대한다. 국가의 무능과 무책임, 거듭된 시장의 실패, 기업의 근시안적 탐욕과 비윤리성이 초래한 지금의 황폐한 현실을 244.7 대 1의 시험에서 불합격한 이에게 자책하게 해선 안 된다. 오히려 놓치지 않아야 할 것은, 합격의 기쁨이나 불합격의 울분이 아니라 학습하는 신체를 상대로 어느 쪽으로든 이윤을 내는 돈의 흐름이다.

학습 노동자의 공장

공무원 시험 시장은 기생적 역학으로 움직이고 있다. 기생 대상에게서 자본과 생산력을 훔치고 새로운 기생 대상을 유인하지만, 이러한 기생적 경제의 기본 단위조차 금융과 부동산 등의 또 다른 기생적 사슬에 착취된다.[9] 이런 영역은 언제나 자본주의의 일부였던 것이 사실이지만, 산업 생태계에서 점점 더 지배적인 체계가 되어가고 있다. 공무원 시험 시장에서도 사업 연속성의 극대화는 신규 응시생을 유인하고 불합격자를 재포획하는 것에서 출발한다. 지금과 같은 공채 규모와 경쟁률에선 확률적으로 거의 모든 공시생은 불합격자라고 할 수 있는 상태다. 그런 의미에서 이 업계는 전대미문의 호황기를 맞이했다.

공무원 시험 시장은 학원업계에만 한정하더라도 3000억 원 규모로 성장했다. 2012년과 비교하면 4년 만에 2배나 커졌다.[10] 외국어 교육(1조 8000억 원)에 이어 두 번째로 큰 성인 대상 교육 시장이다. 공무원 시험 중 채용 규모가 가장

---

9   '기생'을 보편적 삶의 비대칭성으로 사유한 미셸
      세르(Michel Serres)는 경제와 생태 전반을 지배하는
      기생의 역학을 다음과 같이 설명했다. "기식자가
      기식자들에 기식한다. 달리 말하면, 3원적인 도식 위에
      어떠한 위치도 임의대로 기식적인 것이다." 미셸 세르,
      『기식자』, 김웅권 옮김, 동문선, 2002년, 95쪽.

10   「공시(公試) 열풍에 교육시장 규모도 커진다」, 『이데일리』,
      2016년 4월 18일 자. https://goo.gl/J7T6pn

큰 9급과 7급 시험에 응시하는 지원자 수는 2016년 기준 28만 9000명에 달하고, 이 중 1.8퍼센트만이 합격했다.[11] 직능별 경쟁률은 60~250 대 1을 넘나들었다.

공시생 1인당 하루 8시간 30분씩 1년을 공부한다고 가정할 때, 해마다 총 누적 시간은 7, 9급 공무원 시험에서만 8억 9662만 시간에 달한다.[12] 수험생 개개인의 합격 여부와는 별개로, 그들이 쌓아올린 천문학적 숫자의 시간과 노력은 학원 시상과 e러닝 업계 그리고 금융계와 부동산업에서 막대한 부(富)를 생산한다.

현대경제연구원의 보고에 따르면, 공시생의 학습 노동에서 직간접적으로 파생되는 경제 규모는 4조 6260억 원이다. 하지만 이들이 다른 경제 활동에 참여해 발생시킬 수 있는 기회비용은 21조 7689억 원이나 된다는 것을 따져봐야 한다.[13] 공무원 시험 시장은 공시생 집단의 생산과 소비 능력을 필연적으로 위축시킬 수밖에 없다. 시험 준비 기간이 길어질수록 경제적 위기에 직면하는 것도 공시생뿐이다. 시험 불합격에 따른 리스크 관리 부담 역시 공시생의 몫이다. 이 시장의 다른 주체들은 재수, 삼수, 장수를 거듭하는 공시생들의 수가 누적될수록 더 많은 돈을 번다.

공시생의 경제 활동은 시험공부가 우선시됨으로써 강제될 수밖에 없는 경제적 무능과 구분되어야 한다. 이 시장에서 자기 파괴적인 기여를 하고 있음에도 공시생은 비경제 인구로 취급받고 있다. 이에 대한 문제 인식은 공시생

11　호영성·최규성·박진수, 「2017 진입 경로별 공시 준비 청년층 현황 및 특성 연구 보고서」, 서울시 청년활동지원센터·대학내일 20대 연구소·청년유니온, 2017년, 7쪽.

12　공시생 1일 평균 학습 시간은 「2017 진입 경로별 공시 준비 청년층 현황 및 특성 연구 보고서」의 자료 19쪽 참고.

13　오준범, 『공시의 경제적 영향 분석과 시사점』, 현대경제연구원, 2017년 4월 4일, 6쪽.

자신조차 희박하다. 이들의 공부는 마땅히 학습 노동으로 정의되어야 한다.

공무원 시험 준비는 출판 교재만이 아니라 온·오프라인 강의에 연동되는 각종 콘텐츠 소비로 이어지고, 합격률 높은 학원을 찾아 유입된 인구는 부동산 경기를 끌어올려 고시원, 오피스텔, 학원 건물과 주변 상권의 지대(地貸)를 들썩이게 한다. 하지만 부를 산출하는 결정적 주체인 공시생의 역할은 쉽게 은폐된다. 노량진 공시촌(公試村)이 대표적인 지역이다. 이곳에서 공시생은 일상의 대부분을 학습 노동에 몰두하며 제한된 행동 범위에 자발적으로 갇혀 지낸다. 이들이 체류하는 강의 학습 공간과 인터넷 강의 서비스를 제공받는 온라인 교육 플랫폼은 온·오프라인으로 분산된 사회적 공장이다.

이탈리아 노동자주의 운동(Operaismo)의 주도자 중 한 사람이었던 마리오 트론티에 의해 명명된 '사회적 공장(social factory)' 개념은 비임금 영역, 비시장 영역에 놓인 여성, 학생, 실업자를 비롯해 다양한 형태의 비공장 노동자를 사회적 노동자로 재인식할 수 있는 전환점을 제공했다.[14] 다시 말해, 우리의 삶은 사회라는 거대한 공장에서 자본의 신진대사를 수행하는 일에 포획되어 있고, 전통적 의미의 생산만이 아니라 소비도 노동력의 재생산 기제로 작동한다. 공무원 시험 시장에 종속된 사회적 공장의 영역들도 마찬가지다.

5급 공채 및 외교관 후보자 시험, 국가직 및 지방직 7, 9급 등의 응시 인원을 모두 더하면 70만 6000여 명이 공무원 시험에 매달리고 있다.[15] 대한민국 육·해·공군의 총

---

14   해리 M. 클리버, 『자본론의 정치적 해석』, 권만학 옮김, 풀빛, 1986년, 97~98쪽.

15   황태호·강승현, 「올해 공시 응시 70만 명 돌파… 노량진 학원가 '서글픈 호황'」, 『동아일보』, 2016년 12월 29일 자. https://goo.gl/gHHXXu

병력 수에 맞먹는 학습 노동자들이 각자가 동원할 수 있는 유무형의 자원을 쏟아부으며 잉여가치를 창출하고 있는 것이다. 하지만 합격자보다 불합격자의 수가 압도적으로 많은 지금과 같은 현실에선 학습 노동자의 경제력은 소진되고 경제 생태계의 지속 가능한 선순환에도 악영향을 끼친다.

공무원 시험 시장의 파이 크기를 결정하는 것은 정부다. 문재인 정부는 2022년까지 소방관, 경찰관, 교사, 사회복지사 등을 중심으로 5년 내에 17만 4000명의 공무원을 추가 고용할 계획이라고 했다.[16] 학령인구 감소로 완연한 하향세에 접어든 수능 시장과 달리, 공무원 시험 시장의 성장은 이번 정권의 성패를 평가할 지표가 될 것이다. 저성장, 일자리 부족, 사회경제적 불평등의 악순환을 못 끝낸다면, 학원계의 블루 오션에서 공무원 시험이 밀려날 일은 없을 것이다.

한국의 비정규직 규모는 1000만 명이 넘고 나이, 성별, 전공, 지역에 따른 차별 또한 극심하다. IMF 외환 위기 이래로 역대 정부가 줄줄이 실패하고 악화시킨 노동 정책의 결과가 취준생 절반, 직장인 절반, 심지어 고등학생까지 공무원 시험 준비를 하는 오늘의 현실을 낳았다.[17] 국가가 최대 고용자로서

---

16 『제19대 대통령선거 정책공약집』, 더불어민주당, 2017년 4월, 68쪽.

17 2017년 기준 한 해 대학 졸업자는 52만 명 수준이다. 공시 지원자의 수는 대졸자의 55.8퍼센트에 달하는 규모다. 박재현, 「합격률 1.8%… '기회의 문'은 열려 있나」, 『한국일보』, 2017년 3년 30일 자. YBM 한국 TOEIC위원회가 2017년 5월 23일 발표한 공무원 시험 관련 설문 조사에 따르면, 설문에 응한 대학생과 직장인 6405명 가운데 58.5퍼센트가 공무원 시험을 준비할 의향이 있는 것으로 답했다. '현재 공무원 시험을 준비하고 있는 사람'은 14.8퍼센트, '향후 준비할 의향이 있는 사람'은 43.7퍼센트였다. 이 자료는 한국 TOEIC위원회 홈페이지(https://goo.gl/P7udU5)에 공개되어 있다.

역할을 다해야 한다는 것은 틀린 말이 아니지만, 동시에 국가는 공무원 시험을 관리 감독하는 입장이기도 하다. 문제 개발 단계에서부터 불합격자를 털어낼 방법을 마련해야 하는 주체인 것이다.[18]

　7, 9급 시험 문제는 암기 위주의 학력고사 유형에 수능 스타일이 접목되어 있다. 그리고 성적 편차를 내기 위한 출제 전략으로 지엽적인 정보의 암기 유무를 묻거나 실수를 유도하는 방식이 자주 활용된다.[19] 공시생들이 문제 패턴을 분석해주는 학원 강의에 매달리고, 이런 강의를 잘하는 강사가 이른바 '1타 강사'로 인기를 끄는 까닭은, 요령 없이 노력만으로 좋은 점수를 받을 수 없는 시험이기 때문이다. 이런 시험을 준비하는 일은 공무원의 실무 능력 향상만이 아니라 다른 직업을 얻는 일에 도움이 되지 않는다. 시험을 관리 감독하는 입장에서 성적순으로 줄을 세우고 커트라인을 끊는 일에 유용한 방식이다. 4차 산업혁명을 대비하겠다는 정부이지만, 공무원 시험 제도는 지난 시대의 구태를 벗지 못했다.

　합격률 높은 학원과 1타 강사들이 서울에 집중되어

　　공무원학원 에듀윌에 따르면 이 학원 9급 공무원 온라인 강의를 듣는 고3, 재수생 수강생 비율은 2014년 5.3퍼센트에서 2015년 25.3퍼센트로 급증했다. 정봉오, 「대졸 무직자, 15년 새 2배로… '대학 가느니 공무원 준비' 공딩 급증」, 『동아일보』, 2016년 2월 29일 자. https://goo.gl/ficnf9

[18] 국가 단위로 모집하는 공무원 시험 주체는 인사혁신처, 국방부, 한국교육과정평가원, 국회, 법원 등이다.

[19] 지엽적인 정보를 묻는 문제의 빈도가 높기로 유명한 서울시 공무원 공채 시험은 국가 주관 시험 출제와 비교해 다섯 배나 오류가 많다. 김기중, 「서울시 공무원 시험 오류, 국가시험의 5배」, 『한국일보』, 2015년 9월 16일 자. https://goo.gl/X6uuCE

있는 상황에서, 지방 학생들은 인강에만 의존해서는 정보 격차를 극복하기 어렵다고 느낀다. 그래서 노량진 공시촌으로 몰려드는 학생들의 상당수가 지방 출신이다. 인구가 많은 광역시를 제외하면 전문 학원을 찾기도 어려워서 지역에서 공무원 시험을 준비할수록 인강에 의지하게 된다.[20] 하지만 어지간한 근성의 자기 주도 학습의 고수가 아니고선 학습 방법이나 체계적인 생활 관리에 실패하기 쉽다.[21] 우왕좌왕하다가 불합격을 겪고 나면, 경제적 부담과 객지 생활의 외로움을 감수하고서라도 노량진 공시촌에서 승부를

---

20 공무원 학원은 광주에 14곳, 대전 11곳, 부산 10곳, 대구에 2곳이 있다. 광주, 대전, 부산, 대구를 합친 것보다 노량진이 있는 서울 동작·관악구의 고시학원 수가 훨씬 많다. 이 지역에만 87개 학원이 운영되고 있다. 서울 강남에는 80개가 있다. 공무원 학원을 포함해 대학민국 전체 학원(8만 2925개) 중에서 43퍼센트가 서울과 경기도에 집중되어 있다. 강봉진·정슬기, 「노량진 고시학원 수, 강남 추월했다」, 『매일경제』, 2016년 5월 15일 자 참고. https://goo.gl/sNcZ3Q

21 자신이 학원 강의 수강이 꼭 필요한 사람인가를 알아보는 체크 리스트도 있다. '나는 학창 시절 성적을 향상시켜본 경험이 있다', '나는 한번 책상 앞에 앉아 2시간 정도 집중하는 것이 어렵지 않다' 등을 묻는 10개 문항에 1점(전혀 그럴지 않다)부터 5점(매우 그렇다)까지 점수가 매겨진다. 총 40점 이상이면 독학해도 괜찮은 수험생 타입, 30점 미만일 경우 학원 실강을 들어야 한다고 조언한다. 인터뷰를 했던 공시생 B는 체크 리스트에서는 학원 강의가 꼭 필요하지 않은 타입으로 나왔지만, 노량진에서 지내면서 새벽부터 나와 학원 실강을 들었다. 실강에 참여하는 것이 생활 관리의 긴장감을 높일 수 있고, 치열하게 공부하는 경쟁자들을 보면서 더 열심히 해야겠다는 동기 부여를 받을 수 있다는 것이다.

보려 한다. 그렇게 한다고 합격률이 더 높아지는 게 아니라는 것쯤은 공시생 누구나 알고 있다. 그러나 훨씬 더 절박하게 공부에 매달릴 수 있게 된다.

공시생은 짧게는 1년에서 길게는 3년 이상 수험생 생활에 인생을 저당 잡혀야 한다. 이 과정에서 적지 않은 돈을 쓴다. 7, 9급 공무원 지원자들의 경우 주거비를 제외하고 월 평균 83.6만 원을 쓴다고 한다. 이중 3분의 1이 학원과 인터넷 강의 수강비다.[22] 1년이면 340만 원쯤 되는 돈이다. 부모의 지원을 받든 경제활동을 병행하며 저금을 깨서 쓰든 공무원 시험을 준비하면서 이 비용을 아끼기는 어렵다.

학원과 대학 등 교육 시설이 몰린 곳은 여지없이 부동산 시장의 핫스팟이 된다. 공무원 시험에 응시생이 몰리면서 노량진 학원가 주변의 월세도 2~3년 사이에 크게 올랐다. 이 지역의 월세는 한 평 크기의 미니룸이 17~21만 원, 3~6평 크기의 원룸은 45~60만 원이다.[23] 평당 평균 가격으로 비교하면 서울에서 월세가 가장 비싼 지역이다. 강남·서초 지역과 비교하더라도 평당 4000원 이상 비싸다.[24]

7, 9급 공무원 지원자들은 부모의 경제력이 중산층이거나 그 이하인 경우가 대부분이다.[25] 공시 준비에 매달리는 자식을

---

[22]   「2017 진입 경로별 공시 준비 청년층 현황 및 특성 연구 보고서」, 7쪽. 공시생 월 평균 지출액은 83.6만 원 중에서 학원/인터넷 강의 수강비는 28.1만 원, 수강비 제외 시험 준비비 18.2만 원, 주거비 제외 순수 생활비는 37.3만 원이다. 공시 준비 투자 비용은 1년에 1003만 원이었다. 이 보고서는 개인의 경제적 여건이 열위에 있을수록 준비 과정 또한 열위가 될 가능성이 높다고 지적한다.

[23]   「2017 진입 경로별 공시 준비 청년층 현황 및 특성 연구 보고서」, 22쪽.

[24]   서울시, 「월세 계약 조사 결과 분석」, 2017년 2월 22일. https://goo.gl/sVrvwV

[25]   안수찬, 「노량진 공시촌 블루스」, 『한겨레21』, 837호,

2년 이상 지원하려면 주거비를 빼고도 2000만 원 이상이 소요된다. 대학 입시에서 취업에 이르는 십수 년 이상의 시간은 청년들만이 아니라 그들 부모 세대에게도 수탈의 연속이다. 미래를 위한 투자, 더 나은 진학과 취업 기회를 미끼로 대학, 학원, 건물주, 은행이 서민의 가계(家計)를 무너뜨리고 소득 양극화를 가속시키고 있다. 소수의 성공 사례를 들어 희망을 가지라고 말하는 이들이 많지만, 이 나라는 공부할수록 가난해지는 사회다. 공무원 시험 열풍의 이면에서 자본의 흐름은 약탈적이다.

이렇게까지 했는데도 불합격한다면, 기약 없이 공시생 생활을 더 이어가거나 다른 진로를 선택해야 한다. 공시생 세계에선 누구나 똑같이 말한다. 하루라도 빨리 합격하거나 냉정하게 현실을 파악하고 발을 빼야 한다고. 하지만 애초에 다른 진로가 절망적이어서 택한 길이었다. 누구나 알고 있듯 공무원은 1만 1993개나 되는 직업 가운데 하나일 뿐이다.[26] 그런데도 이 나라의 구직자들은 고용 안정성과 복지, 인간적인 근무 여건을 기대할 마지막 보루로 공무원을 선망한다. 이런 선택을 인생의 플랜 A나 B로 내세우기 아쉽다는 것쯤은 누구나 안다. 이들이 대비하는 것은 지금보다 더 나쁜 미래다. 망해가는 사회에서 살아남기 위한 구명보트 플랜이 공무원인 것이다.

1.8퍼센트의 합격률에 매달리는 대신에 훨씬 더 가치 있는 미래에 시간과 노력을 쏟을 수 있는 사회가 우리 시대엔

2010년 11월 23일. 집안 배경도 중요한 변수다. 오랜 준비 기간이 필요한 5급과 7급 공무원 시험은 아버지 학력이 높을수록 응시할 확률이 높지만, 9급 공무원은 아버지 학력이 높을수록 응시할 확률이 낮아진다. 이경숙, 『시험국민의 탄생』, 312쪽 참고.

[26] '한국직업사전'은 고용노동부 한국고용정보원이 운영하는 워크넷 홈페이지에서 확인할 수 있다. https://goo.gl/4H12V3

얼마나 남아 있는 걸까? 이 문제를 근본적으로 해결할 방법은 파국에 처한 노동 생태계를 복원해 소득 불평등을 해소하고 좋은 일자리를 늘리는 길뿐이다. 누구나 알고 있는 답일 것이다. 하지만 외환 위기 이래로 정부 정책의 방향은 항상 정반대로 향했다.

지역에서 낳고 자라서 지역 대학에서 공부한 뒤에 안정적인 일자리를 구하는 것이 지금처럼 절망적이지 않았다면 공무원 시험 쏠림 현상은 없었다. 여성들이 임금 차별과 성차별, 경력 단절의 삼중고에 내몰리지 않을 법적 제도적 조치가 실효성 있게 이뤄졌다면, 여자 직업으로는 공무원이 최고라는 말에 씁쓸히 고개를 끄덕일 필요도 없었을 것이다. 그런데도 정부는 가장 중요한 문제 해결에 애매하게 대처하고 있다. 공무원 시험 시장의 과열이 위험 수위를 넘어섰음에도 채용 규모 확대라는 기만적인 시그널을 띄웠다. 공시생들은 장차 합격 가능성이 높아질지도 모른다는 기대를 품고 있을지 모르겠으나, 이번 정부의 노동 개혁조차 지지부진하다면 더 끔찍한 시험 경쟁에 빠져들 것이다. 앞에서 지적한 것처럼, 이 시장에서는 불합격에 따른 리스크를 공시생이 뒤집어쓰고 이득은 기생적 자본이 휩쓸어간다. 공시생이 합격, 불합격의 프레임에만 갇혀 있는 한, 이 시장에서 할 수 있는 건 기약 없이 삶을 갉아먹는 죽은 공부뿐이다.

노량진 공시생을 다룬 한 다큐멘터리에서 4년째 세무 공무원 시험을 준비하던 서른 살 남자가 고시원 옥상에 올라가 노량진 공시촌의 풍경을 둘러본다. 초조해지는 마음을 달래며 그는 이렇게 중얼거린다. "이게 세상의 다다. 이것 말고는 더 없다."[27]

이 장면이 촬영된 것은 2009년이었다. 시간이 꽤 흘렀다. 그사이 정권이 세 번이나 바뀌었다. 이 세상은 이것뿐이어선

---

[27] KBS 스페셜 「꿈꾸는 자들의 섬, 노량진」, KBS 1TV, 2009년 11월 22일.

안 된다. 공시생에게 자신이 '학습 노동자'라는 각성이 중요한 것은, 장기 불황의 구조적 모순이 온 사회에 만연함에도 안정적 미래를 약속하는 예외적 직업이 있다는 거짓 희망에 속지 않기 위해서다. 사회 전체가 파국으로 치닫는 가운데 열외로 도망칠 수 있는 곳은 없다. 어디에서 무엇을 하며 살든 우리는 이 위기의 당사자이며 문제를 해결할 주인공이다.

구식 시험과 에듀테크 시장

공무원 시험 시장에서 공시생은 하위 존재이면서, 시장의 지속 가능성을 좌우하는 기초이기도 하다. 국가의 주도와 기업의 대응, 시험에 응시하는 공시생들의 호응이 맞물리면서 이 시장은 멈추지 않고 움직이고 있다. 학원과 공시생의 관계에서도 학원 기업의 마케팅에 속절없이 끌려다니기만 하는 종속적 입장에 공시생이 놓여 있는 것은 아니다. 그렇다면 이 시장에서 공시생의 주도권이란 대체 무엇일까?

공시생들은 10대 시절부터 훈련해온 수험생 생활의 관성에 거슬리는 학습 방법은 보수적으로 대하는 경향이 강하다. 고등학생부터 장년층까지 폭넓은 세대가 공무원 시험에 도전할 수 있는 이유는 일차적으로 연령 제한 철폐 때문이기도 하지만, 이 시험에 학력고사와 수능시험이라는 1982년 이후 36년간의 입시 문화가 착종되어 있기 때문이다.[28] 새로운 테크놀로지를 도입해 종래의 학습 방법에 영향을 주는 일은 낡은 제도에 길든 몸과 마음이 호응할 수 있을 때 수용된다.

---

[28] 대학 입학 학력고사는 1982학년도부터 1993학년도까지 시행됐다. 이 시험은 무조건적인 암기만을 강요하던 형식이었다. 사고력 중심의 평가를 지향하는 대학수학능력시험은 1990년부터 1992년까지 7차례에 걸친 실험 평가를 거친 뒤 1993년부터 도입되었다. 손인수, 『한국교육운동사: 1980년대 교육의 역사 인식』, 문음사, 1994년, 40~43쪽 참고.

노트북과 스마트폰에 머리를 파묻고 인강을 수강하는 수험생의 모습. 위는 카페에서
인강(인터넷 강의)으로 공부하는 모습. 아래는 스터디 팀이 웹캠으로 서로의 학습 시간을
체크하는 캠스(Cam-Study) 풍경.

94

겉으로 드러난 세태만 봐서는, 공시생들의 학습 방법은 디지털 친화적인 방식으로 재편된 것으로 보인다. 하지만 웹캠으로 서로의 학습 시간을 체크하는 캠스(Cam-Study)는 교사의 통제를 받던 중고등학교 자율학습 교실의 연장선에 있고, 인스타 데일리로 촬영한 기상 인증 사진을 스터디 팀원에게 제출하는 것도 등교 시간을 준수하던 면학 규율의 변용이다.[29] 학습 진도와 목표 달성 정도를 엑셀 파일로 작성해 네이버 밴드에 올리는 일 역시 학생 생활기록부를 시험 일정과 특성에 맞춰 재구성한 것이라고 할 수 있다. 인터넷 강의는 전달 매체만 바뀌었을 뿐, 칠판 앞에 선 교사를 바라보며 일방향적으로 진행되는 강의를 쫓아가던 방식과 크게 다르지 않다. 공시생의 미디어스케이프는 컴퓨터와 인터넷 자원을 활용한 새로운 학습 문화처럼 보이지만, 입시와 합격만을 목표로 학생들을 훈육했던 중고등학교 교육 환경이 비트(bit) 단위에서 헤쳐 모여 한 수준을 넘지 못한다.

공무원 시험 시장에서 시장 점유율 1위 기업인 공단기도 공시생들의 학습 방식에 새로운 트렌드를 이식하는 일에 어려움을 겪고 있다. 공단기가 2017년 1월에 야심 차게 내놓은 학습기기 '단기펜'의 부진은 반쯤은 예상된 일이기도 했다.

---

[29] 공시생들의 학습 규율은 중고등학교보다 훨씬 더 엄격하고 금욕적이다. 네이버 밴드로 조직된 스터디 그룹에서도 불문율로 지켜지는 것은 '친목질 금지'다. 이 때문에 스터디 그룹을 오프라인에서의 친분 없이 온라인으로 모인 사람들만 받는 경우가 많다. 네이버 밴드에 올리는 게시물 역시 공부에 관련된 것만으로 제한된다. 극도로 기능적으로 스터디 그룹을 이용한다. 출석 인증이나 문제 풀이를 위해 채팅방을 이용할 때도 사적인 메시지를 주고받아선 안 된다. 간단한 수다조차 민감하게 반응한다. 인터뷰를 했던 공시생 중에는 "아, 오늘 힘들었어요"라고 짧은 댓글을 달았다가, 팀원들로부터 "쓸데없는 소리 하지 말"라는 경고를 받기도 했다.

공단기 '단기펜'. 에듀테크 기업이 학습 정보를 채굴(Mining)하는 단말 장치.

공시생들에게 익숙한 학습 방법이나 생활 규율의 계보에
연결될 장점을 부각하지 못했기 때문이었다.

기능만 살펴본다면, 단기펜은 시장을 뒤흔들 혁신적인
아이디어 상품처럼 보인다. 전용 교재에 펜을 접촉하면
블루투스로 연결된 기기에서 인강이 재생된다. 사진 검색
기능을 지원하고 오답 노트도 생성된다. 단기펜을 통해
축적된 데이터를 분석하면 정밀한 학습 컨설팅을 제공받을
수 있다. 무엇보다도 학습에 필요한 종래의 인터페이스를
압축해서 공부의 효율을 높이고 방해되는 시간을 단축할 수
있기 때문에, (공단기의 표현을 빌리면) 순(純) 공부시간을
매일 최대 2시간, 1년에 총 730시간까지 확보할 수 있다고
한다.[30] 더 효율적으로 공부하면서 더 많이 공부할 방법이라는
것이 공단기가 내세운 마케팅 포인트다.

하지만 특수 용지에 인쇄된 전용 교재는 오래
들여다보면 눈이 아프고, 문제에 연결된 인강을 시청하는
것도 학습 진도나 이해 수준에 따라선 걸리적거리는
기능일 수 있다. 단기펜의 센서 품질과 내구성도 지속적인
업그레이드가 필요한 수준이다.

단기펜은 학습에 필요한 인터페이스를 단순화해서
효율성을 높였다기보다는, 학습자의 개인차를 고려하지
않고 인터페이스를 단일 평준화시킨 것으로 받아들여질 수
있다. 새로울 것은 없지만, 연필을 쥐고 교재에 직접 선을
긋고 메모하는 아날로그 방식이 공부를 하고 있다는 감각에
몰입하기 쉽다. 자율적으로 익힌 학습 노하우를 그때그때
반영하는 일도 종래의 방식이 훨씬 자연스럽다. 단기펜은
회사에서 주장하는 것처럼 공부의 효율을 획기적으로
높인다기보다는, 자사의 인강 서비스 접속과 재생 횟수를
높이는 데 유용한 제품이다. 프로모션 구성도 '프리패스'라고
불리는 인강 패키지 상품과 묶인다. 인강 전용 태블릿PC인

---

30   단기펜 홈페이지 참고. http://pen.dangi.co.kr

97

단기탭도 비슷한 구성으로 팔고 있다.[31]

　　공무원 학원의 비즈니스 모델은 수능 시장이나 공인
영어 시험 시장에서 성공한 사례를 응용한 경우가 많다.
공단기가 1위 업체로 빠르게 등극할 수 있었던 비결도 경쟁
업체보다 성공 사례 도입 결정이 빨랐기 때문이었다. 특정
기간 동안 동영상 강의를 무제한으로 들을 수 있는 서비스인
'프리패스' 역시 수능 시장에서 인기를 끌었던 방식을
이식했다.[32] 오리지널한 사업 모델이 아닌 것은 단기펜도
예외가 아니다. 이미 오래 전에 아동용 학습 기기로 비슷한
제품이 출시된 적이 있었다.[33] 그때도 큰 반향을 일으키지
못하고 흐지부지된 제품이었다. 단기펜이 이전 사례의 전철을
밟을 수 있다는 지적은 회사 내외에서 꾸준히 제기됐다.

　　그렇지만 이 제품에 대한 평가는 시간을 두고 지켜볼
필요가 있다. 노량진 학원가에서 공단기와 경쟁하는 박문각
고시학원이 단기펜과 유사한 제품인 '쫙펜'을 출시한 까닭도,
이런 제품군이 장기적인 시장 전망에선 킬러 콘텐츠로 등극할
가능성이 있기 때문이다.

　　공무원 시험을 포함해서 수능과 성인 교육 업계는 IT
산업과 밀접한 협력 관계를 맺고 발전 방향을 공유하고 있다.

31　단기탭은 에스티앤컴퍼니와 인텔코리아, 엠피지오 3사
　　　협력 체제로 만들어져 2015년부터 시장에 출시됐다.

32　공단기의 모회사인 에스티유니타스는 수능 인강 시장에서
　　　이투스와 경쟁하는 스카이에듀의 운영사이기도 하다. 전
　　　과목 전 강사의 동영상 강의 전 커리큘럼을 30만 원대에
　　　수강할 수 있는 '0원 프리패스'를 업계 최초로 만든 것은
　　　스카이에듀였다.

33　2011년에 웅진씽크빅과 재능교육에서 영어 학습용
　　　전자펜을 출시했었다. 전용 교재 속 외국어 단어 및 문장에
　　　펜을 대면 스피커에서 원어민 발음이 들리는 학습기였다.
　　　「외국어 학습용 전자펜 인기」, 『파이낸셜뉴스』, 2011년
　　　12월 7일. https://goo.gl/ivQJi3

거대 인터넷 포털들이 플랫폼 자본으로 성장하는 과정에서
스마트폰과 각종 모바일 디바이스가 어떤 역할을 했던가를
비교해본다면, 단기펜과 같은 학습 기기의 궁극적인 목표는
분명해 보인다. 공단기의 모회사인 에스티유니타스의 윤성혁
대표도 에듀테크 기업의 미래를 "구글이나 아마존과 같은
글로벌 플랫폼 기업"이라고 단언한 바 있다.[34]

이를테면 스마트폰을 구동하는 안드로이드, iOS 등의
운영 체제는 구글과 애플의 플랫폼 생태계로 이용자를
접속시키는 강력한 유인 장치이다. 이용자가 사용하는 단말
장치는 데이터를 내려받아 서비스를 이용하는 자리이면서,
사용 정보를 공급자에게 발신하는 지점이기도 하다. 거대
포털과 통신사는 소비자 데이터를 분석해서 초개인화된
맞춤형 서비스를 제공한다. 공시생의 손에 쥐어진 단기펜을
통해서도 이런 일은 가능할지 모른다.

단기펜은 공단기가 서비스하는 교육 플랫폼에 대한
충성도를 높이고, 출판 교재와 인터넷 강의, 각종 학습 컨설팅
서비스에 이용자를 연결시키는 구심점이 될 수 있다. 물론
그렇게 되기 위해선 제품의 품질이 지금보다 훨씬 좋아져야
한다는 것은 말할 것도 없겠다. 이 제품의 진정한 강점은 순
공부 시간을 늘리는 시간 관리가 아니라, 단기펜 사용자들의
학습 정보를 채굴(採掘)할 수 있는 단말 장치라는 점이다.
그래서 기업 입장에선 데이터를 장기간 축적하는 것이 대단히
중요하다.

단기펜 홍보 홈페이지 상단에 '오늘 푼 문제 수'와 '오늘
생성된 오답노트 수', 서비스 개시 이후 '총 푼 문제 수'가
실시간으로 집계되고 있다는 것은 눈여겨볼 부분이다. 왜
오답 노트 생성일까? 공무원 시험은 학습 성취도 이상으로
문제 유형에 대한 대비와 훈련이 중요하기 때문이다.

---

34 「윤성혁 에스티유니타스 대표 "구글·아마존처럼… 글로벌
교육플랫폼 만들 것"」, 『MK증권』, 2017년 7월 23일 자.
https://goo.gl/jak9tT

학교 안이건 밖이건 대한민국 사람들 모두에게 공통되는 생애의 교육과정은 시험이다.
1958년 「대한뉴스」에 실린 제10회 고등고시 모습.

학습 성취도가 부족해서 틀리는 문제보다도 헷갈리거나 애매모호한 문제 패턴에 홀려 오답을 내는 경우가 많다. 반복적으로 틀리는 문제 유형은 개인차도 다양하다. 따라서 정밀한 데이터 분석을 통해 수험생 특성에 꼭 맞는 학습 컨설팅이 이뤄질 수 있다면, 경쟁 학원보다 합격률을 높이는 데 결정적인 기여를 할 수 있다.

공무원 시험에 응시하는 수험생의 수가 늘어날수록 학원 입장에서는 온라인 플랫폼 서비스를 더욱더 강화할 수밖에 없다. 오프라인으로 감당할 수 있는 학원생의 수는 한계가 있고, 노량진 학원가의 건물 임대료는 업계 1위조차 감당하기 버거운 수준에 이르렀다. 수익 구조에서도 인터넷 강의와 출판 교재 판매가 오프라인 강의 매출을 넘어선 지 오래다. 지방에서 시험을 준비하는 공시생들도 온라인 교육 서비스의 질이 획기적으로 개선된다면 서울 상경을 고려할 필요가 없을 것이다.

그러나 앞에서 말했던 것처럼, 종래의 학습 방법에 새로운 테크놀로지가 영향을 주는 일에 공시생들은 보수적이다. 단기펜이 인기를 끌 수 있을지 장담하기 어려운 것 이상으로, 기업이 빅데이터를 체계적으로 관리하고 분석할 수 있는 시스템을 갖출 수 있을지도 의심스럽다. 이것은 인터넷 강의 제작이나 단말 장치 개발과는 차원이 다른 기술이 필요하다. 학원들이 출혈경쟁을 이어가고 있는 상황에서 개발 프로젝트를 지속해서 운영하기도 쉽지 않을 것이다. IT업계 스타트업들처럼 번지르르한 기획을 내세워 대규모 투자를 유치하는 수준에서 머물 일이라면, 확실히 지금은 호기다. 정부의 신규 공무원 채용 규모도 늘었고, 공무원 시험 시장의 인기는 이번 정부 임기 내내 이어질 테니 투자 전망도 밝기 때문이다.

다시 공시생 입장에서 생각해볼 차례다. 공무원 시험 시장의 에듀테크는 구식 시험 준비에 맞춰져 있다. 공무원 시험을 준비하다가 그만두더라도 민간 기업 채용과 연계될 수 있는 시험 과목의 호환성이 없다. 이 때문에 5급 공채

필기시험 1차 과목인 공직적격성평가(PSAT) 시험을 7, 9급 시험으로 확대 적용하자는 주장이 꾸준히 제기됐다. 마침 인사혁신처에서 2021년부터 7급 공무원 1차 시험을 PSAT로 전환한다는 계획을 내놓았다.[35] 하지만 채용 규모가 7급보다 30배나 많은 9급은 시험 제도 개선 소식이 들리지 않는다.

암기 중심의 시험 부담을 완화하고 역량 중심 평가를 지향하는 PSAT는 문제 유형의 특성상 학원 의존도가 상대적으로 낮다. 만약 9급 시험에까지 PSAT가 확대 적용된다면 막대한 수익을 내던 인터넷 강의 콘텐츠와 출판 교재는 쓸모없게 되고, 학원들은 사업 전략을 전면적으로 재수립해야 할 것이다. 하지만 PSAT가 9급 시험에 적용되기 어려운 현실적인 이유가 있다. 현행 PSAT는 점수 편차를 내기가 어렵기 때문이다. 응시 인원이 해마다 폭발적으로 증가하고 경쟁률이 치솟는 지금과 같은 상황을 PSAT와 면접만으로는 감당할 수 없다. 9급 시험 제도 개선은 망국적인 공무원 시험 쏠림 현상부터 해결해야 대안이 제시될 수 있다.

9급 시험을 준비하는 공시생들에게도 PSAT는 탐탁지 않은 대안이다. 기존 시험 제도에 맞춰 오랫동안 공부해온 장수생들은 말할 것도 없고, 공시생 문화에 축적된 학습 노하우가 해체되는 것을 바라지 않는 이들이 많다.[36] 공시생은 구식 시험의 최대 피해자이지만, 이 제도의 구조적 모순에 동화되어 옹호자로 나설 수밖에 없게 된 것이다. 그렇게 악순환의 고리가 돌고 또 돌아간다.

정부의 무능과 무책임을 벌하고 어떤 방식으로든 책임과 보상을 요구해야 한다. 공무원 채용 규모를 늘린다거나 시험

---

35 「국가직 7급 공무원시험 PSAT 도입 추진」, 『법률저널』, 2017년 1월 13일 자. https://goo.gl/qV7ArG

36 "정부는 똥손이에요. 손대면 다 망쳐요. 일자리 시장을 이 지경으로 내버려둔 무능한 정부가 감당하지도 못할 제도 개선에 나서는 건, 다 죽으라는 얘기죠." 경찰 공무원 시험을 준비 중인 공시생 C의 말이다.

제도를 개선하는 수준에서 면피할 수 있는 일이 아니다. 사회 전반에 걸친 근본적인 개혁만이 해답이다. 비정규직 철폐를 포함해 사회보장제도 강화와 소득재분배 구조가 하루빨리 마련되어야 한다.

공시생들이 이런 문제에 목소리를 낼 수 있어야 한다. 우리가 싸워서 되찾아야 할 것은 시험 합격만이 아니라 더 좋은 사회에서 살아갈 가능성이다. 공부에 쏟아붓는 인내와 노력은 그 가치를 인정해줄 수 있는 사회에서 제값을 받아야 마땅하다. 부조리한 시험 제도로 판정받는 합격과 불합격으로 미래를 배급받을 수 없다는 걸 외면해선 안 된다. 공무원 시장의 기생적 역학에 장악된 좁은 책상 너머를 직시할 '딴짓'이 필요한 시점이다.

그러나 나에게는 대한민국은 없었다. 적어도 내가 우리
집이나 땅 혹은 하늘을 대할 때처럼 하나의 실체로서 느끼는
대한민국은 없었다. 그것은 상상의 공간 속에서 존재하는
것이었다. 그러나 그 상상의 공간에는 모든 것이 들어 있었다.

이영준,
『사진, 이상한 예술』,
눈빛, 1998년, 66쪽.

김성원
저항을 위한 무기의 잊힌 기억

이유 없는 무기는 없다. 폭력과 무관하게 살던 시민, 학생,
농민, 노동자, 철거민이 무기를 들었다면 더군다나 그렇다.
거대한 폭력에 저항하는 이들이 결코 쉽지 않게 만들어 손에
잡아든 무기에 대하여 말하는 것은 위험하고 민감한 주제다.
소위 운동권조차 술자리의 회고담으로 다룰 뿐 공식적으로
기록하지 않는 흑역사다. 시위의 당사자들은 경찰과 용역들이
사용하는 무기와 폭력이 원인이라고 말한다. 반대로
보수 언론, 역대 정권과 경찰, 일베류들은 폭력 과격 시위
프레임으로 몰아가기 위해 시위의 무기와 폭력을 부각시킨다.
시위대가 사용하는 무기와 현장 사진을 가장 체계적으로
분류하고 정리한 이들은 보수 언론과 경찰, 일베류이다.
무기의 기록은 증거자료가 될 수 있고 공격의 빌미를 제공할
수 있다. 지난겨울을 지나며 시민들은 평화로운 촛불시위를
승리로 이끌었다. 박근혜가 구속되었다. 놀랍고 감격스럽다.
나 역시 평화적 시위의 결과에 감탄하고, 폭력을 싫어한다.
하지만 그동안 폭력시위를 무조건 부정하고 평화적 시위를
시민 저항의 절대 행동 지침이자 세계적 시위 모범처럼
극찬하는 여론이 불편했다. 정당한 저항을 위해 무기를
들었던 나의 청춘과 함께한 동지들의 정당성을 결코 부정할
수 없기 때문이다. 경찰과 군인의 살상용 무기나 현대화된
강력한 진압 무기에 대항하여 맨손으로 보잘 것 없는 저항의
무기를 들었던, 현재에도 전 세계 곳곳에서 저항하는 수많은
이들의 정당성을 쉽게 부정할 수 없기 때문이다. 자칫
폭력주의자로 취급받거나 공격의 빌미가 될 수 있기에 몇
번이고 주저했던 주제이지만, 개인적 기억을 더듬으며 무기의
기록을 남기고자 한다.

1987, 1992년: 돌

시민들은 잔혹함과 잔인함을 무기로 갖고 있지 않았다. 그들은 군사독재 아래서 민주주의에 대한 간절함을 무기로 들었다. 1987년 6월 항쟁이 한참이던 서울역 고가다리 밑에서 낯익은 얼굴을 발견했다. 도수 높은 안경을 낀 메마른 40대 중반의 남자였다. 그가 나를 바라보고 있었다. 나 역시 그를 바라보았다. 최루가스 때문에 흘러내리는 눈물로 시야는 흐렸지만 나는 그가 누군지 단박에 알 수 있었다. 그는 여기저기서 터지는 최루탄을 피하며 나에게로 다가왔다. "밥은 먹었냐? 밥 먹고 싸워라." 주머니에서 만 원짜리 지폐 한 장을 꺼내 건네주고 서둘러 자신이 가던 길로 사라졌다. 아버지였다. 줄곧 나에게 데모하지 말라고 말렸던 분이었다. 오로지 가정과 공장, 교회가 전부인 듯 살아가던 분이었다. 아버지와 헤어진 후 나는 도로 위에 흩어져 있던 돌을 양손에 쥐고 남대문 쪽을 향해 뛰었다. 그날 아버지는 자식들보다 늦게 매운 냄새를 풍기며 집으로 돌아오셨다. 나와 동생, 아버지의 손가락 끝에는 돌을 던지다 긁힌 상처가 남아 있었다. 시민들은 대통령 직선제를 쟁취했지만 군사정부는 계속되었다.

1992년 4월 유고슬라비아 사회주의 연방 공화국이 붕괴되었고, LA에서는 흑인 폭동이 일어났다. 7월엔 건설 중이던 신행주대교가 붕괴되었다. 8월엔 대한민국과 중화인민공화국이 수교를 맺었다. 8월부터 서울시는 보도블록을 아스콘이나 투수콘으로 교체하는 「보도정비지침」을 마련했다. 학생시위 때마다 보도블록이 투석전에 이용되는 것을 방지하기 위해서였다. 10월 28일 다미선교회가 시한부 종말론을 내세웠지만 세계는 계속되고 시위도 계속되고 있었다. 여전히 대학교 문밖으로 나가는 시위는 전경들에 의해 원천 봉쇄되고 있었다. 하지만 학생들은 가끔 교문 밖에 대기하던 소수의 전경들을 밀어내고 신촌로터리 방향으로 진출하곤 했다.

그날도 시위대는 교문을 박차고 나갔다. 하지만 이내

증원된 경찰 병력들은 진압봉과 최루탄, 모스버그 M-100 산탄총에 끼워 발사할 수 있는 미국제 SY-44로 시위를 진압하기 시작했다. 연세대 이한열 열사는 1987년 이 SY-44 직격탄에 맞아 숨졌다. 무술 유단자로 구성된 백골단은 학생 지도부 중 누군가를 체포하기로 작정한 듯 무섭게 돌진하고 있었다. 시위대 맨 앞에 있던 사수대들이 쇠파이프로 방어를 하고 있었지만, 바로 뒷선에서 투석전을 벌이고 있던 2진은 당황하기 시작했다. 교정에서 준비해온 돌이 떨어져가고 있었기 때문이다. 예전 같으면 보도블록을 깨서 사용했겠지만 이미 보도는 아스콘과 투수콘으로 바뀌어 있었다. 아뿔싸, 후방 공덕동 방향에서도 전경들이 밀려오고 있었다. 급작스럽게 밀리다 보니 시위대들은 교문을 지나쳐 다시 교정으로 퇴각할 수도 없었다. 광성 고등학교 방향은 당시 좁은 골목으로 많은 시위대들이 빠르게 도망갈 수도 없는 상황이었다. 어떻게든 퇴로를 만들거나 퇴각할 시간을 벌어야 했다. 투석전에 쓸 돌이 필요했다.

　　나와 지금 ○○ 출판사 편집장 김○○, 그리고, 기억이 나지 않는 후배들 몇몇과 함께 옹벽 위의 교정 담장을 넘었다. 그리고, "하나, 둘, 셋 넘어간다" 소리를 치며 힘껏 담장을 밀었다. 설마 담장이 무너질까 의심하면서도 절박한 마음에 몇 안 되는 인원으로 온힘을 다해 밀었다. 담장이 와르르 무너져 내렸다. 그것도 100미터씩이나. 부실 시공인건지 시멘트 블록으로 만들어진 담장은 어이없게 무너져 내렸다. 도로에 있던 학생들은 재빨리 블록을 깨서 던지며 퇴각할 시간을 벌 수 있었다. 옹벽을 뛰어오를 수 있었던 몇몇 남학생들은 무너진 담장을 통해 교정으로 피신했다. 충분히 공급된 투석 물량에 힘입어 사수대와 2선은 여학생들이 피할 수 있을 때까지 전경들을 막아내면서 무사히 후퇴할 수 있었다. 그날 그 현장에 있던 우리는 누가 이 담장을 무너뜨렸는지 발설하지 말아야 한다는 것을 알고 있었다. 언젠가 돈을 벌면 담장 수리비를 되돌려주자고 약속을 했지만 다들 이후의 삶은 넉넉지 못했다.

1993년: 몰로토프 칵테일

"몰로토프 칵테일(Molotov cocktail)은 술이 아니야. 2차 대전 당시 소련이 겨울전쟁을 일으켰거든, 핀란드를 폭격했지. 당시 소련 외무인민위원이던가? 몰로토프(Vyacheslav Molotov)가 '우리는 핀란드 인민에게 폭탄이 아니라 빵을 공수한다'며 라디오 방송에서 헛소리를 했어. 핀란드 사람들이 가만히 있었겠어. 소련이 투하한 빵(폭탄)에 대한 보답으로 소련군 전차에 인화물질을 혼합한 화염병을 던졌는데 그게 바로 몰로토프 칵테일이야. 위력이 대단했다고 해. 몰로토프 칵테일이 단지 전쟁터에서 임기응변으로 만든 무기가 아니었어. 알코(Alko)라는 핀란드 주류회사가 750밀리리터 병에 휘발유를 담고 병 옆에 성냥을 매단 화염병을 만들었는데 정식 군수품으로 납품했어. 겨울전쟁 기간에 45만 병이나 전투에 사용했다지. 지금 우리가 만드는 꽃병의 모델인 셈이지." 선배가 말했다. 5월 교정의 밤공기는 걷기에 딱 좋았다. 드문드문 켜진 가로등이 교정을 아름답게 치장하고 있었다. 하지만 나는 계속 창밖 교정을 살피며 꽃병을 만들고 있었다. 화염병을 꽃병이라 불렀다. 나는 뒤늦게 대학교에 들어간 까닭에 입학하자마자 서둘러 군대를 다녀온 후 복학한 뒤에서야 처음으로 화염병을 만들었다. 나이 어린 선배는 자신의 무기 지식을 자랑하려는지, 긴장을 풀어주려는지 계속 화염병에 대한 이야기를 이어갔다. 어쩌면 그렇게 말을 해서라도 날 선 시간을 견딜 수 있었던 것은 정작 그였을지도 모른다.

"화염병 만드는 게 간단치 않아. 병, 인화액체, 심지, 첨가물 네 가지가 중요해. 콜라병은 잘 깨지지 않고, 맥주병은 던지기 어려워, 소주병이 제격이야. 여학생은 가끔 박카스 병을 사용하지. 휘발유만 넣기도 하고, 순간 폭발력을 높이기 위해 휘발유와 시너를 섞기도 해. 하지만 이렇게 만들면 순간 폭발력이나 인화력은 좋지만 너무 빨리 화염이 사라져버려. 등유를 섞으면 화염이 오래가게 되지만 너무 많이 넣으면 착화력이 떨어지고. 하여튼 혼합 비율이 중요해. 병에 가득

채우면 지나치게 폭발력이 커질 수 있으니까 80~90퍼센트
정도만 담아야 해. 좀 더 화력을 높이고 불꽃이 오래가도록
하려면 스티로폼 조각을 넣고, 설탕을 넣으면 불꽃이
진득해지거든 여기저기 불이 잘 붙게 된단 말야. 가끔 모래를
혼합하는 경우도 있어. 그러면 바닥에 불꽃이 깔려. 어떤
대학에선 알루미늄 가루를 넣는다고 하는데 우린 그렇게
해보진 않았어. 그 다음엔 심지가 중요해. 잘못 만들면
화염병을 던지다가 손으로 휘발유가 흘러내릴 수 있어. 난리
나지. 면 솜이나 면 옷을 찢어 말아서 심지를 만들어 꽉 끼워.
그다음 이렇게 병목 밖으로 나온 부분은 현수막을 찢어서 한
번 감싼 후에 다시 비닐 랩으로 감싸야 해. 그래야 옮기거나
보관할 때 안전해. 만드는 방법은 학교마다 조금씩 다른
것 같은데. 이게 대놓고 공개할 내용은 아니라서 아름아름
귀동냥으로 소문만 듣지."

시위 때 화염병은 아무나 던지는 무기가 아니었다.
경찰에 사진 채증을 당하거나 잡히면 실형을 받게 되기
때문에 각오가 필요했다. 1989년 5·3 부산 동의대학교 사건이
계기가 되어 같은 해 7월 강력한 화염병 처벌법이 제정되었다.
게다가 종종 화염병 때문에 전경들 가운데 사상자가 나는
경우가 있었기 때문에 주의해야 했다. 전경을 대상으로
전투를 벌이는 게 시위의 목적은 아니었기 때문이다.
화염병은 사수대 가운데 군대에서 수류탄 투척 훈련을 받았던
3, 4학년 복학생들이 주로 던졌다. 전경을 맞추지 말고 전경
대열 앞이나 옆에 던져야 한다고 주의를 하지만 막상 시위가
격해지고 무기 통제가 되지 않은 상황에선 누가 던지는지
알 수 없었다. 전경을 직접 노리고 화염병을 던지는 사례나
도로변 상점 화재도 수시로 일어났다.

화염병 사용이 최고조에 달했던 1980년대 후반에서
90년대 초반까지 일반 시민들의 반응은 현재와 같지 않았다.
정부가 대부분의 시위에 대해서 원천 봉쇄와 강경 진압을
일삼았기 때문이다. 1996년 8월 13~20일 연세대 농성사태
때 경찰이 사용한 시위 진압 무기와 장비의 규모를 살펴보면

학생들이 어떠한 상황에서 화염병을 들게 되었는지 짐작할 수 있다. 연세대 농성 사태는 정권 재창출을 노리던 김영삼 정부가 IMF 직전의 경제 위기, 1996년 4월 경찰 구타에 의한 연세대 노수석 열사 사망사건 등 정권 위기를 타개하기 위해 6년간 진행해오던 범민족대회를 강경 진압하면서 발생한 사건이었다. 경찰은 1차 진압 시 전경 51개 중대 6000여 명 투입, 헬기 11대 동원, 다연발 최루탄 발사, 최루액 공중 분사로 강제 해산에 나섰다. 연이어 포클레인, 중장비, 소방차를 동원해 학내로 진입했다. 시위가 연세대 밖으로 확산되어 도심가투가 벌어지자 경찰은 총 병력 5만여 명을 투입했다. 경찰은 8월 15일 2차 진입 시에 최루액 3000리터와 헬기 12대, 불도저 등 중장비를 동원했다. 8월 15일 야간에는 서치라이트와 조명탄을 쏘며 3차 진입을 시도했다. 야간 진압은 대형 참사의 위험 때문에 군사정권 시절에도 하지 않던 이례적인 작전이었다. 8월 16일 경찰은 전경 110개 중대 1만 3000명으로 외곽을 봉쇄한 후, 50개 중대 6000여 명의 전경과 경찰특공대 36명, 조명차 4대, 조명탄 4000여 발, 그물 60개, 고가 사다리 2개 등 병력과 장비로 4차 진입을 시도했다. 8월 17일 11시 30분부터 헬기 7대로 최루액을 뿌리며 전경 100여 개 중대 1만 2000명이 5차 진입을 시도했다. 8월 19일 연세대학교에는 해양 헬기도 등장했다. 강력한 프로펠러 바람으로 종합관과 이과대 옥상에 있던 학생들을 위협하며 대량의 최루액을 분사했다. 8월 20일 경찰은 전경 16개 중대 2000여 명을 투입했다. 결과적으로 8월 12일부터 20일까지 총 5848명을 연행하여 462명을 구속하고 3341명을 불구속입건, 373명을 즉심에 넘기고 1672명을 훈방 조치했다. 당시 박일룡 경찰청장은 "시위대에 대한 총기 사용"을 검토한다고 언급했으며, 같은 날 김수한 국회의장은 대통령 중임제 개헌을 추진한다고 발표했다. 정권 재창출을 노리던 김영삼 정부는 학생운동권을 제물로 삼았다. 그것은 전쟁이었다. 김영삼은 연임에 실패했다.

1998년 김대중 국민의 정부 출범 후 정부는 집회,

시위 자유의 보장, 진압 시 무최루탄 원칙을 발표했고,
운동권에서는 평화 시위로 화답하면서 화염병은 이후로 거의
사용되지 않았다.

1994년: 페달 펌프로 만든 화염방사기

현재 노동인권변호사로 활동하고 있는 신장식 변호사를
1993년 처음 만났다. 그때 그는 철거민을 지원 나온 운동권
학생이었고, 나는 서울시철거민협의회 활동가였다. 최근에
오랜만에 다시 만난 술자리에서 '칼산'의 기억을 떠올렸다.
'서울시 양천구 신정 제5지구 재개발 지역', 왜 그곳을
'칼산'이라 불렀는지 지금도 도무지 알 수 없다. 칼 모양을
닮은 것도 아니고 험산도 아닌 야산이었다. 다만 빈민들이
무허가촌을 이뤄 살고 있던 이곳에도 추운 겨울 칼날처럼
날카로운 개발 바람이 불고 있었다.

1994년 1월 12일 오전 9시 칼산에 '경비 용역'
전문업체인 적준개발 '철거 용역' 70여 명이 들이닥쳤다.
'적준'은 서울시에서 시행하는 대다수 재개발 지역에서 철거
용역을 맡고 있는 업체였다. 1주일 내 최대 1000여 명 정도의
철거 용역을 끌어 모을 수 있는 동원력을 가지고 있었다.
사실 대다수는 일용직들이었고, 전면에 앞서는 수십여
명의 돌격대는 진짜 조직폭력배들이었다. 이들은 철거촌
현장에서 경찰의 비호 아래 갖은 폭력을 일삼았다. 적준은
철거민들에겐 공포의 대상이었다. 적준의 철거 용역들이
쇠파이프와 포클레인을 앞세워 철거 작업에 착수하자 '칼산
철거민대책위원회'의 유○○ 대표와 주민들이 몸싸움을
벌였다. 사실 일방적으로 폭력에 당했다. 당시 임신했던
문○○와 주민 세 명이 부상을 당해 병원에 실려 갔다.
적준과 칼산 철거민들이 충돌하는 상황에서 주변에 있던
낡은 주택 세 채에 화재가 났다. 이 과정에서 유 대표와
김○○, 민○○ 씨 등 주민 대표 세 명이 방화, 치상 혐의로
양천경찰서에 연행되었다. 칼산 주민들은 "조직폭력배로
구성된 적준이 불을 지른 것"이라고 했고, 적준은 주민이 불을

질렀다고 주장했다. 경찰은 적준개발의 주장만 받아들였다. 철거촌에서는 누가 불을 질렀느냐보다 어떤 상황에서 불이 났느냐가 더 중요했다.

화재 사건이 나기 며칠 전까지 나는 칼산 철거민대책위 사무실로 출근하고 있었다. 대책위는 거의 폐허가 된 3층 슬래브 건물을 개조해서 사무실을 만들었다. 마을 높은 곳에 있는 데다 옥상에 올라가면 마을 전체를 모두 살필 수 있었다. 일종의 철거 용역들이 들어오는 것을 살피는 망루이자 고공 농성장, 마지막 보루였다. 기억으론 축대 위에 이 건물이 지어져 있었기 때문에 1층 문만 걸어 잠그면 다른 창으로 진입하기 어려웠다. 혹시 1층으로 철거 용역이나 경찰들이 진입한다 해도 2층으로 올라가는 계단이 좁아서 쉽게 올라갈 수 없었다. 대책위 사무실에 들어서자 동네 형님 몇몇이 무엇인가 보여주겠다며 옥상으로 나를 이끌었다. 옥상에선 기름 냄새가 확 풍겼다. 기름이 가득 찬 드럼통과 물이 가득 담긴 붉은색 대형 고무 통, 그리고, 농업용 페달식 펌프와 분무기가 있었다. 정○ 형은 그것들을 가리키며 "화염방사기야"라고 말했다. "이게 정말 화염방사기야? 진짜?" 나는 주민들이 이런 무기까지 만들었다는 것에 놀라웠다.

당시 철거촌에서는 철거 용역에 의한 폭행 사건이나 사망 사건이 비일비재했다. 철거 용역들은 쇠파이프만 휘두르는 것이 아니었다. 주민과 충돌이 일어날 때는 칼을 사용하기도 했다. 거꾸로 철거 용역들이 화염병을 만들어 던지기도 했고, 잔류하고 있는 주민들을 재개발 현장에서 내쫓으려 방화하는 경우도 많았다. 철거 용역들과 몇 번의 충돌로 심각한 부상자들이 속출하면서 대책위 주민들의 대응은 점점 과감해지고 있었다. 돌과 쇠파이프, 화염병, 이제 드디어 화염방사기까지 등장한 것이다.

정○ 형은 페달 펌프 한쪽에 달린 입수관을 물이 담긴 고무 통에 담구고 펌프에 달린 페달을 여러 번 밟았다. 펌프 출수관에 호스로 연결된 분무기에서는 잠깐 물방울이

찔끔거리다가 이내 시원한 물줄기를 3층 아래 골목까지
뿜어냈다. 옆에 있던 또 다른 형이 물통에 담겨 있던 입수관을
옮겨서 기름이 담긴 드럼통으로 옮겨 놓았다. 철거촌에
드나들던 학생들에게 배웠는지 드럼통에 담긴 기름은 석유와
휘발유가 혼합된 듯했다. 정○ 형은 몇 번 페달을 더 밟더니
식당주방용 긴 라이터로 분무기 끝에 불을 붙였다. 분무기
끝에서는 순간 시뻘건 불꽃과 그을음이 동시에 타올랐다.
화염 줄기는 동네 골목 멀리까지 발사되었다. 나는 붉게
타오르는 화염과 열기에 깜짝 놀라 뒤로 넘어질 뻔했다.
화염방사기 성능이 예상 외여서 놀라지 않을 수 없었다.
하지만 이것을 사용하는 상황이 제발 오지 않기를 바랐다.
그러나, 사건은 벌어지고 말았다. 동네 형들이 화염방사기를
사용했는지 아닌지 나와 주민들은 아무도 묻지도 말하지도
않았다. 추운 겨울 철거 용역과 경찰들이 쳐들어오는
것을 지키려 드럼통에 장작불을 피우고 규찰을 함께 서던
사람들은 묻지 않아도 알 수 있었다. 어쩌면 새벽 언젠가 철거
용역들이 쳐들어오게 되면 죽을 수도 있다는 공포, 가슴속
작은 심지까지 타 들어가는 공포를 느끼면서도 하얗게 질린
새벽까지 마을을 지켜야만 했던 사람들은 아무도 그들의
잘잘못을 묻지도 따지지도 않았다.

1994년: 박카스 병 사제 폭탄

살이 타는 냄새를 처음 맡아보았다. 흐느끼며 울고 있는
여학생을 등에 업고 마을 입구로 뛰어 내려갔다. 택시를
타고 영등포에 있던 한강섬심병원으로 향했다. 1990년
초반부터 중반까지 어수선한 시국 속에서 학생, 철거민,
장애인, 노동자들의 분신이 이어지고 있었다. 분신으로 인한
화상 환자들 상당수가 이곳에서 치료를 받았다. 그때 화상
치료의 노하우가 쌓여 한강성심병원은 지금까지 화상 전문
병원으로 유명하다. 화끈거리는 얼굴을 차가운 물수건으로
감싼 여학생은 여전히 흐느끼고 있었다. 병원에 도착해서
그녀가 응급처치를 받게 한 후에야 정신을 차릴 수 있었다.

다행히 화상은 심하지 않았지만 유난히도 예쁘고 하얀 피부를 가진 여학생의 얼굴은 예전 같지 않을 것이다. 정작 20대 초반의 어린 이 여학생은 곧 안정을 찾았다. 그녀는 담담하게 현실을 받아들였다. 어찌할 줄 몰라 하는 나를 오히려 웃으며 다독였다. 몇 날 병원 침상을 그녀의 학우들과 함께 지키다 여학생의 남자 친구가 찾아온 날부터 더 이상 병원을 찾아가지 않았다. 그녀의 남자 친구에게 미안하기도 하고, 나는 더 이상 병상을 지키고 있을 자격이 없다고 느꼈다. 그 여학생은 지금 어떻게 살고 있을까?

　그녀가 화상을 입은 원인은 분신 때문이 아니었다. 박카스 병 사제 폭탄 때문이었다. 칼산에는 건축 공사장 막일을 하던 주민들이 제법 살고 있었다. 공사장에서 몰래 화약을 가지고 나왔다. 폭발력이 큰 발파용 화약은 아니었다. 건설용 타정총에 사용하는 흑색 일자 화약이었다. 화약을 사용하는 타정총은 저속식과 고속식으로 나뉘는데 저속식은 소량의 화약을 사용해서 그 폭발력으로 중간 매체인 피스톤을 가격해서 못이 박히게 하고, 고속식은 피스톤 없이 화약의 폭발력만 사용하는 방식이다. 화약을 사용하는 타정총은 지금도 건설 공구로 유명한 힐티 제품이 주로 사용되고 있다. 칼산 화재 사건이 나고 몇몇 대책위 간부들이 경찰에 잡혀간 후 주민들은 더욱 공포를 느꼈다. 마을 입구에 철거 용역들이 상주 사무실을 차렸다는 이야기도 들려왔다. 누군가 마을 곳곳 폐허 속에 철거 용역들이 쳐들어올 때 공포용으로 박카스 폭탄을 만들자는 제안을 했다. 당시는 아이들도 콩알만 한 검은색 화약을 알알이 늘어놓고 붉은색 종이로 감싼 딱총 화약을 문방구에서 살 수 있던 시절이었다. 기껏해야 가까이 있는 사람을 놀라게 할 정도의 큰 소리가 나는 공포용 화약이었다. 타정용 화약은 긴 일자형 플라스틱 밴드에 딱총용보다 조금 많은 양씩 나누어 담겨 있었다. 주민들은 타정용 화약도 딱총 화약 정도로 생각했다. 모두가 조그만 박카스 병에 타정용 화약을 까서 넣어봤자 워낙 소량이라 혹시 이것이 폭발한다 해도 사람을 다치게 하지는

않을 것이라 생각했다. 착화용 심지는 구하기 어려웠을 텐데 어떻게 만들었는지 궁금하다.

주민들은 화약의 성분이 어떤지, 어떻게 반응하는지, 얼마나 위험한지 알 리 없었다. 화약은 황 10퍼센트, 숯(목탄) 15퍼센트, 초석(질산칼륨) 75퍼센트를 혼합해서 만든다. 숯은 연소 반응이 일어나도록 탄소를 공급한다. 초석(질산칼륨)은 화약의 주재료다. 분자 구조에 산소를 포함하고 있어 황, 탄소 등 유기물과 반응하면서 강력하게 폭발한다. 황은 낮은 온도에서도 발화되면서 폭발을 증가시킨다. 황을 혼합한 화약은 정전기로도 폭발하기 때문에 아주 위험하다. 주민들은 이 사실을 몰랐다. 칼산 주민 몇몇과 학생들이 타정용 화약 밴드를 까서 박카스 병에 담는 것을 본 것은 사건이 나기 며칠 전이었다. 위험하지 않을까 생각했지만 20대 막내 활동가였던 나로선 동네 형들과 주민들의 결정을 존중했다. 학생들도 위험하지 않다는 말에 주민을 돕는다고 나섰을 것이다. 며칠 후에도 주민과 학생들은 화약을 까서 박카스 병에 담는 작업을 계속했다. 그러다 정전기 때문에 갑자기 화약에 불이 붙어버렸다. 소량의 화약만 있었기 때문에 주위로 불이 번지거나 폭발하지 않고 화약을 만지던 그 여학생만 얼굴에 화상을 입은 것이다. 때마침 나는 칼산 대책위 사무실로 올라가다 이 소식을 들었다. 현장에 있던 주민과 다른 학생들은 경황이 없어 신속히 대처하지 못하던 상황이었다. 소식을 듣고 달려가 화상을 입은 여학생을 우선 병원으로 옮기게 되었다. 뒷수습은 동네 형들에게 맡겼다. 절대 박카스 폭탄을 만들다 여학생이 화상을 입었단 소식이 새어나가서는 안 된다고 당부해두었다. 하지만 소문은 재빠르게 마을 밖으로 나갔다. 그리고, 사건은 여기서 끝나지 않았다.

보름 후 지금은 금호 자이 아파트 단지가 들어선 서울 금호동 재개발 지역에서 철거 용역, 철거민 사이에 대형 충돌이 일어났다. 칼산 주민들도 연대 투쟁을 위해 금호동으로 달려갔다. 곳곳에서 전경들이 진입을 막고 있었기에 막상 재개발 지역 안으로 들어갈 수는 없었다.

주민과 학생들은 경찰 병력을 분산시키기 위해 주변 교통을 차단하며 여기저기에서 기습 시위를 벌이다 모두 경찰에게 연행되었다. 나와 칼산 지역에서 온 주민과 학생 등 100여 명이 서울 중량경찰서로 이송되었다. 연행된 일행들은 모두 묵비권을 행사했다. 모두 미리 신분증이나 학생증을 가져오지 않도록 일러두었다. 경찰들은 신원을 파악해야 훈방을 하든, 구류 처리를 하든, 구속을 하든 처리를 할 수 있었다. 밤새 경찰들의 호통과 고성에도 불구하고 주민과 학생들은 투쟁가를 부르며 순순히 조사에 응하지 않았다. 경찰은 주민과 학생, 활동가였던 나를 모두 분리해서 조사했지만 모두 강력하게 묵비권을 행사했다. 그러던 중 간부급 형사 한 명이 나를 따로 자신의 직무실로 불렀다. 형사의 얼굴은 며칠째 집에 들어가지 못했는지 초췌해 보였다. "칼산 주민 소지품에서 사제 폭탄 배치도가 나왔어. 양천서에서 다 들었네, 박카스 병 폭탄이라고 들었네. 장난감 수준이라던데. 하지만 아무리 우습게 만든 폭탄이라도 폭탄 매설 지도를 발견한 이상 그 사람을 구속할 수밖에 없어. 만약 구속되면 몇 년 살아야 할 거야. 묵비권을 풀어주게, 나도 죽을 맛이야. 그러면 폭탄 지도는 없었던 일로 해두지, 어차피 그 일은 양천서 문제지 중량서 문제는 아니야" 나는 고민할 수밖에 없었다. 박카스 폭탄 매설 지도를 갖고 있던 이는 ○○ 형이었다. 그는 가정이 있는 사람이었다. "조건이 있습니다. 폭탄 매설 지도를 제가 여기서 찢어서 없애도록 해주십시오. 매설 지도를 갖고 있던 사람은 신분을 묻지 않고 바로 훈방시켜주세요. 다른 주민들과 학생들은 묵비권을 풀도록 하겠습니다. 다만 모두 훈방시키는 조건입니다." 나는 형사와 협상을 시도했다. "물론 주민들이나 학생들 대부분은 훈방을 할 수 있지만, 누군가는 책임을 져야 해. 무슨 뜻인지 알지?" 형사가 말했다. "네 압니다. 제 신원을 밝히도록 하겠습니다. 제가 책임을 져야겠지요." 나로선 각오를 할 수밖에 없었다. ○○ 형은 신원을 확인하지 않고 바로 훈방되었고, 주민, 학생들은 모두 다음 날 새벽 훈방되었다. 하지만 나는 결국

혼자 남아 즉결 재판을 받게 되었다. 이후 박카스 폭탄은
칼산에서 사용되지 않았다. 매설해두었던 박카스 폭탄은
아마도 주민들이 자진 제거했을 것이다. 하지만 1999년 6월
수원권선 4지구 재개발 지역에서는 사제 총기와 사제 철포
논란이 일어났다. 이와 관련해 철거민 단체 대표와 몇몇
주민들이 구속되었다. 주택 수요를 따라잡는다는 명분을
내세웠지만 정권 유지를 위해 민감한 부동산 경기를 떠받치고
대형 재벌 건설사들을 배불리기 위해 추진된 재개발 사업의
다른 이면은 서민과 빈민을 대상으로 한 도시 전쟁과 다를 바
없었다.

1990, 1994년: 민주박격포

노태우 정부는 1989년 봄부터 노동운동과 학생운동을
대대적으로 탄압하기 시작했다. 울산 현대중공업 파업에는
군대까지 투입했다. 이런 분위기 속에서 현대중공업 노조가
1990년 4월 25일 파업에 들어갔다. 경찰은 노동자들의
연대 투쟁 확산을 차단하기 위해 현대중공업의 파업을
조기에 끝내고자 했다. 정부는 군사작전을 펼치듯 육해공
작전을 펼쳤다. 진압을 위해 4월 28일에 총 73개 중대 1만
2000여 명의 병력을 투입했다. 노동자들은 이때 처음으로
'민주박격포'를 사용하기 시작했지만 1시간 만에 공장에서
밀려났다. 지도부와 결사대 78명은 골리앗 크레인을 점거하고
장기 농성에 들어갔다.

1991년 4월 26일에는 명지대학교에 다니던 강경대
열사가 전투 경찰 체포조(백골단)가 휘두른 쇠파이프에 맞아
죽었다. 그해 5월에는 대우조선노조의 파업과 골리앗 크레인
농성을 지원하려 했던 한진중공업 박창수 노조위원장이
경찰에 체포된 후 안양교도소에서 고문으로 의심되는 부상을
당한 후 병원에서 죽음을 맞이했다. 1991년은 이러한 상황
속에서 대규모 시위가 연속적으로 벌어졌고, 수많은 학생과
청년 그리고 노동자들이 노태우 정권에 맞서 거대한 항쟁을
벌였다. 1990년 현대중공업 골리앗 농성 투쟁을 이끈 이갑용

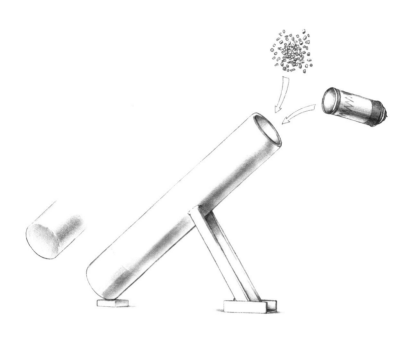

위원장이 출소한 후 1994년 64일간의 골리앗 파업 투쟁이 다시 시작되었다. 이때 다시 '민주박격포'가 등장했다.

　　나는 서울 양천구 신정동 철거 투쟁이 종료된 직후 1992년 울산으로 내려갔다. 이미 현장에 위장 취업해서 노동 활동을 하고 있던 선배들과 연락을 취했다. 현대정공과 현대자동차 2공장에서 하청업체 노동자로 일하며 활동했다. 건강이 급속히 나빠지면서 울산에 오래 있지 못하고 1994년 다시 서울로 올라와 칼산으로 들어갔다. 1996년 노동정보화사업단(현 노동넷)을 구로에서 만났던 선후배들과 만들고 노조 활동가들을 대상으로 컴퓨터와 정보통신 교육을 시작했다. 다시 울산에 자주 내려가게 되면서 이때 ○○중공업에서 일하던 심○○ 선배를 알게 되었다. 그동안 1990년, 1994년 파업 당시 사용했다던 '민주박격포'에 대해서 떠도는 말이나 언론에서 과장된 뉴스만을 들었을 뿐 실체를 보지도 어떻게 만들어졌는지도 알 수 없었다. 심 선배는 현재까지 30년 이상 현대중공업 기술자로, 노동 활동가로 활동하고 있다. 그에게 전화를 걸었다.

　　"심 선배, 민주박격포 어떻게 만들었어요?" 전화를 걸자마자 대뜸 질문부터 했다. 그동안 인연이 계속되고 있던 터라 편한 사이인 데다가 심 선배도 항시 전화를 걸면 바로 본론부터 들어가는 편이었다. 나도 그와 전화를 할 때면 늘 본론부터 시작했다. "민주박격포? 응, 그거 두 가지야. 하나는 뒤가 막힌 원형 쇠파이프에 그냥 부탄가스 깡통을 넣고 장작불을 붙이거나 가스용접기로 가열했어. 거치대를 만들어 45도로 세우고." "볼트, 너트 그런 것 안 넣었어요?" 다시 물었다. "넣긴 했는데 사실 공포용이야. 중공업이 워낙 넓잖아. 전경들하고 거의 100미터 이상 떨어져서 대치했거든, 너나 나나 서로 무서웠으니까. 부탄가스 박격포를 쏘면 볼트, 너트는 대략 30~50미터 정도 날아갔지. 노조 사수대와 전경들 중간 정도에 떨어지는 거지. 하지만 소리는 어마어마했어." "그럼 다른 박격포는요?" 나는 재차 물었다. "다른 것은 진짜 화약을 사용했어. 주로 축제 때 사용하는 불꽃놀이용품을 사다가 일일이 까서 화약을 모았지. 이건 좀 화력이 세기 때문에 고압 철관을 사용해야 했어. 일반 강관을 사용하면 화약이 터질 때 강관이 찢어지기 때문이야. 대략 직경 15~20센티미터 고압 강관을 사용했지. 역시 관 한쪽 밑바닥을 막고 여기에 작은 구멍을 뚫고 심지를 끼웠지. 화약을 채운 후에 볼트 너트를 채우고 심지에 불을 붙여 발사를 했어." 심 선배는 옛 기억을 떠올리며 빠르게 말을 이어갔다. "이 박격포는 주로 골리앗 결사대가 사용했어. 당시에 헬기가 골리앗 크레인으로 접근하면서 최루탄을 쏘거나 살수를 하며 위협했거든. 이 불꽃용 화약을 채운 박격포를 쏘면 헬기들이 가까이 접근을 할 수 없었지. 사실 불꽃용 화약으로 쏜 볼트나 너트로 헬기가 추락된 사례도 없고 그 정도 위력은 아니었단 말야. 그런데 이 박격포를 쏘면 부탄가스 박격포보다 훨씬 소리도 컸고, 그보다 골리앗 크레인이 크게 진동하면서 흔들렸어. 경찰 헬기는 이게 무서워서 접근을 못 했던 거야." 전화 통화를 하며 혹시 심 선배가 민주박격포를 만들었을 수도 있겠단 생각을 했다. 심 선배는 용접은 물론 중공업에서 다양한 작업용 보조 작업 도구나 표준화되지 않은 부품을 만드는 부서에서 일하는 데다 강성 노조 활동가였기 때문이다. 하지만 성격은 온순하고 정이 많은 사람이다. "사진은 없어요?" 설명을 들으니 어떻게 생겼는지 더욱 알고 싶어졌다. "기다려, 옛날에 사진 찍어두었던 것 찾아서 보내줄게. 왜 만들게?" "아뇨 그런 것 만들어봤자. 요즘 시위 무기에 당할 수나 있나요. 그냥 궁금해서요."

상대의 무기

아무래도 경찰의 시위 진압 무기에 대해서도 언급해두어야 하겠다. 경찰의 시위 진압 무기로 가장 많이 사용되는 것은 진압봉과 방패다. 시위 진압 시에는 주로 125센티미터 장봉을 사용한다. 방패는 기본적으로 방어용이지만 전경들은 FRP나 알루미늄 재질의 방패 바닥 날을 날카롭게 갈아 무기로도 사용했다.

최루탄은 김대중 정권 이전에 가장 많이 사용하던 시위 진압 무기다. 스프레이형, 발사형, 투척식, 폭발식 등 여러 가지가 있다. 위협용이긴 하지만 급소에 맞으면 치명적이다. 무최루탄 정책을 유지한 김대중 정부 이전 한국 경찰은 레밍턴 M870 펌프액션식 산탄총에 공포탄을 장전하고, 총구에 SY-44라는 총류탄 깡통을 설치하고 45도 각도로 발사했다. 직격으로 쏘면 명중률이 불안정해 매우 위험하다. 페퍼포그는 악명 높은 시위 진압 도구였다. 검은 장갑차처럼 생겼는데 대량으로 최루가스를 살포하거나 고무 캡슐로 감싼 다연발 최루탄(일명 지랄탄)을 발사했다. 다연발 최루탄의 사거리가 길어서 다중의 시위대를 해산하는 데 주로 사용되었다.

현재 경찰은 주로 최루액을 사용한다. 최루액은 휴대용 분사기나 등짐형 분사기에 넣어 사용하거나 물대포에도 섞어 사용한다. 사용하는 최루액의 독성이 워낙 강해 논란의 여지가 있다. 종종 경찰은 소화기도 사용했다. 시위가 격해지는 상황에서 최루가스 대용으로 사용했다. 요즘은 푸른색 형광 염료가 자주 이용된다. 시위자들에게 살포해 염료가 묻은 사람들을 식별하여 체포하기 위해서다. 한국에서는 물대포에 섞어서 사용하기도 한다. 물대포의 정식 명칭은 살수차다. '경찰 장비 사용 규칙'에는 비무장, 비폭력 시위자들에게는 직사하지 못하도록 되어 있고 20미터 바깥에서 직사할 경우 가슴 이하의 부위를 겨냥하도록 되어 있지만 이런 안전 수칙이 제대로 지켜지지 않고 있다. 살인적 살수 압력에 대해서도 논란이 계속되고 있다. 2015년 11월 14일 '1차 민중총궐기' 대회 때 경찰의 무원칙한 물대포 사용으로 백남기 농민이 사망했다. 바뀐 정권이 반드시 규명해야 할 사건 중 하나다.

경찰은 시위 진압을 위해 다양한 총류도 사용해왔다. 공포탄을 위협용으로 사용할 수 있지만 최근 시위 진압 중 사용된 사례는 대중적으로 알려진 바 없다. 폭력 시위자를 진압하기 위해 실탄을 사용한 사례도 있다. 1997년 김영삼 정부 때 천안시 신부동 신안파출소를 단국대 천안캠퍼스

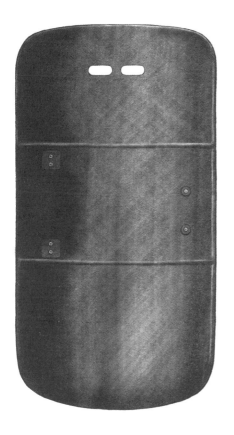

대학생들이 화염병으로 공격한 사건이 있었는데, 이때 지구대 경찰들이 S&W M10 38구경 리볼버 권총으로 실탄 응사했다. 시위하던 학생 한 명이 총에 맞아 부상당했고, 나머지들은 도주했다.

악명 높은 테이저 건은 미국의 테이저 인터내셔널 사에서 개발한 범죄 진압용 전자 무기다. 일종의 원격 전기 충격기라 할 수 있는데 가는 전선이 연결된 전극 침을 발사할 수 있다. 우리나라는 X26 모델을 2004년 도입했다. 보통 발사된 후 5초간 전류를 발생시키는데 전극 침이 발사되어 사람에게 명중했을 때 전압은 최대 1200볼트, 평균 400볼트(X26 기준)이다. 전류는 평균 2~3밀리암페어 정도지만 위력은 상당해서 근육과 신경 계통을 일시적으로 교란해 대상을 마비시키거나 발작을 일으키게 한다. 캐나다에서는 2001년부터 2008년까지 테이저 건으로 400명이 사망했다. 주로 심장마비나 발작, 쇼크로 사망하거나, 마비가 일어나 넘어지면서 주변의 구조물에 머리를 부딪쳐 사망했다. 2009년 쌍용자동차 평택 노조 시위 때 경찰이 노동자의 뺨에 전극 침을 발사해 박힌 사건이 생겼다. 이 때문에 '치명적인 대테러 진압 무기'라는 비판을 받은 후 시위 현장에서 이용되지 않고 있다.

저항을 위해 사용하던 무기의 기억을 더듬어보았다. 언뜻 무시무시한 무기들이라 여길 수도 있다. 하지만 이유 없는 무기는 없다. 무기는 무기에 대항한다. 지난 역대 정권들이 사용해온 시위 진압 무기들을 살펴보면 학생, 철거민, 노동자들이 사용해온 무기가 얼마나 보잘 것 없는 것이었는지 쉽게 알 수 있다. 우리의 진정한 무기는 그 보잘 것 없고 조악했던 무기가 아니라 시민, 노동자, 빈민, 학생을 대상으로 전쟁을 벌였던 정부에 대한 '저항' 그 자체였다. 지금도 그들의 저항은 멈추지 않았다. 아직도 자신들의 진정한 무기를 내려놓을 수 없다.

한국 철도 문화의 특징 중 하나는 과거와 미래 사이에
큰 분열이 놓여 있다는 점이다.

이영준, 「디젤기관차의 풍경」,
『기계비평』,
현실문화연구, 2006년, 127쪽.

오류동 기숙사에서 바라본 풍경: 아버지는 철도 공무원이셨다. 유년기 시절부터 철도
관사에 살았던 나는 대학에 다니는 동안 오류동에 소재한 '철도직원자녀 기숙사'에
거주했다. 창밖에 보이는 기차와 철로, 그리고 열차가 지나가는 소리는 나에게 익숙한
일상의 풍경이었다. 2008년 12월.

장병극

철도, 기대와 기만의 규율적 테크놀로지

KTX의 녹색 시트, 통일호의 기억과 상상된 군대

거대한 배나, 비행기 혹은 굉음을 내며 달리던 기차에 내가
처음부터 관심을 가진 것은 아니었다. 자가용을 소유하는
것이 곧 중산층임을 의미하던 시절, 나에게 기차는 1년에
두 번 친척과 소통을 할 수 있는 시작점과 같은 존재였다.
기차에 탑승하고자 개찰구를 통과하는 순간 비로소 한동안
보지 못했던 친척을 만난다는 것을 실감하였다. 부산에
살던 어린 나는 명절이 되면 아버지께서 각고의 노력 끝에
구하신 기차표를 손에 쥐고 친가인 충북 제천과 외가인 경북
안동을 오갔다. 당시 부산에서 제천까지 가려면 부전역에서
청량리까지 가는 무궁화호나 통일호 열차를 타고 장장 10시간
동안 가야만 했다. 1990년대 초반, 무궁화호는 우등 열차로
통용되기도 했다. 매우 빠른 속도로 운행하는 상급 열차로
객차의 천장에는 집에서도 구경하지 못했던 냉방장치가
있었다. 특급이라고 불리던 통일호는 마주보며 도란도란
이야기할 수 있는 푹신푹신한 2인용 녹색 시트가 실내를
채우고 있었다. 당시 통일호는 객차의 창문을 상하로 개폐할
수 있었다.[1] 국민학교 3학년 여름방학 때 나는 어머니와
함께 고추 농사를 돕기 위해 안동 외가에 다녀왔다. 여느
때처럼 안동역에서 통일호를 타고 집으로 돌아가던 길에
문득 객차 창문이 궁금해졌다. 상하 개폐가 신기해 열었다가
창문이 제대로 고정되지 않았는지 갑자기 쿵 하고 밑으로
떨어져 닫히는 바람에 손을 찧고 말았다. 손가락이 부러졌다

---

[1]   1980년대 중반 이후 통일호 객차에 대하여 순차적으로
       냉방장치 개조가 이루어지면서 상·하 개폐형 창문을
       개방할 수 없도록 고정하였는데, 아마도 내가 탄 기차는
       개조가 진행되기 전의 모델로 짐작된다.

생각해 어찌나 크게 울었던지 객차 안 모든 사람들이 나를 걱정하며 차장을 호출했다. 차장은 10여 분 후쯤 내 손가락이 움직이는 걸 확인하고는 뼈가 부러지지 않았을 거라 말했고, 어머님께서 안도의 한숨을 내쉬었다. 아직도 그 기억이 또렷하다. 그때 기차바퀴가 레일 이음매에 부딪히며 내던 '철컹철컹' 소리와 무거운 기차의 창문이 내 손을 짓눌렀던 고통마저도 이제는 영화 속 한 장면처럼 남아 있다.

　　스무 살에 홀로 상경을 하게 되면서 나에게는 기차역이라는 공간이 가지는 의미가 조금은 각별해졌다. 오류동에서 학교까지 통학하던 시절, 오류동역에서 전철 1호선을 타면 경인선 선로는 곧 구로에서 경부선과 합류하였다. 나는 전철 차창 밖을 통해 경부·호남·전라·장항선을 오가는 수많은 기차들을 구경할 수 있었다. 나중에 알게 된 사실이지만 서울역에서 구로에 이르는 구간은 우리나라에서 시간당 가장 촘촘하게 열차를 편성하여 운행하는 곳이었고, 철도에 남다른 애착을 가지고 있는 마니아들 사이에서는 촬영 포인트로 각광받는 지점이었다. 한국에서 운행 중인 대부분의 기차를 이 구간에서 직접 볼 수 있기 때문이었다. 2004년 KTX(Korea Train eXpress)가 개통하면서 서울역-구로역 간의 풍경은 한층 다이내믹해졌다. 고속철도 착공 이후부터 우여곡절이 많았지만, 결국 서울역이 고속철도 시종착역으로의 기능을 담당하게 되었고,[2] 서울 시내 구간 고속선 전용 지하선로 건설이 백지화되면서 기존 선로를 활용하게 되었다. 정부는 기존 경부선의 선로 용량이 포화 상태임을 감안하여, 서울 남부권 및 수도권 주민들의 고속철도 이용 편의성을 증진하기 위해 남서울역 건설 계획을

---

[2]　고속선 개통 당시부터 2016년 12월까지 경부 구간만 해당된다. 이후 호남고속선을 개통하면서 호남 구간은 용산역을 착발역으로 지정하였다. SRT의 개통으로 KTX의 경쟁력을 확보하고자 경부·호남고속선을 운행하는 일부 열차를 서울·용산역에서 출발할 수 있도록 변경하였다.

구상하였다. 5000여 억 원을 들여 서울역 못지않은 규모와 현대적인 건축미를 뽐내는 설계도를 가지고 경기도 광명시에 고속열차 전용 철도역을 건설했다. 하지만 이 역을 서울역에 준하여 고속열차 시종착역으로 분산 운영하겠다는 구상은 사실상 물거품이 되었다. 천문학적인 건설 자금을 투입한 고속철도의 운영 효율을 극대화하기 위해서는 이용자의 요구를 외면할 수 없었고, 당시 광명역은 서울을 비롯한 수도권 거주 시민이 이용하기에는 상대적으로 지하철 등 대중교통 연계망이 잘 구축된 서울역과 용산역에 비해 접근성이 취약했다.[3] 결국 다수의 고속열차들은 광명역을 지나 기존의 경부선 선로와 합류한 뒤 서울역에 도착하였고, 덕분에 철도 마니아들은 한국 철도의 120여 년 역사와 함께했던 한강철교 위를 KTX가 통과하는 아름다운 장면을 사진기의 사각 프레임 속에 담아낼 수 있었다.

고향에 가기 위해 부산행 기차표를 들고 지상 서울역 대합실에 서 있으면 구 대우빌딩이 보이는 출입문을 경계로 번잡했던 나의 서울살이도 일순간 정지된다. 서울역 출구 한쪽에 기대어 잠시 밖을 바라본다. 출구 밖 서울은 어딘가를 오가며 오늘을 살아가는 사람들로 분주하다. 기차 시간이 임박할 즈음, 역사 내 전광판을 통해 10년 전이었으면 상상도 하지 못했던 부산역 도착 시간을 확인한다. 2시간 40여 분. 그리고 시속 300킬로미터로 달리는 KTX에 탑승하기 전, 20량 편성이라는 여객 열차의 위용에 잠시 압도되었다가 프랑스

---

[3] 2004년 개통 이후 수요 예측에 미치지 못하는 이용객으로 인해 KTX 광명역을 두고 혈세 낭비라는 비판에 직면하였고, 코레일도 광명역 활성화를 위해 영등포-광명 간 셔틀열차 운영 등 다각도로 접근성 개선을 모색하였다. 개통 10여 년이 지난 지금은 서울 남부권 및 인근 주민들의 이용이 상당히 증가하면서 소위 대합실 내 인적은 없고 공기만 남아 '광명국제공항'이라고 불렸던 풍자적 별칭은 더 이상 유효하지 않은 것 같다.

알스톰 사에서 제작한 **TGV** 제작 기술을 직수입한 최첨단 기술이자, 운행소음 및 진동을 최소화하기 위해 고안했다는 관절대차[4]의 실체를 보려고 승강장에 선다. 언론에서도 수차례 소개했기에 승객들 중 상당수가 탑승 전 관절대차를 보고 손가락을 가리키며 유심히 보거나 동반한 아이들에게 설명을 하는 장면은 새로운 서울역사의 풍경이다. 생각해보면 120년 전 조선에 처음 기차가 운행했을 당시 엄청난 굉음과 함께 검은 연기를 내뿜으며 움직이는 새로운 기계문명인 기차도 대중들에게는 상상을 초월한 진귀한 외래 기술이었을 것이다. 그 장면도 새로운 역사의 풍경이었다.

관절대차라는 첨단 기술을 뒤로하고 **KTX**의 객실로 들어온다. 마치 비행기의 실내를 연상케 하는 좁고 촘촘한 좌석 배치. 객실은 시·공간적 여유로움보다는 빠르게 목적지에 도달할 수 있다는 속도 중심적 기계 본연의 임무에 지극히 충실한 인상을 남겨준다. 전국 어디든 3시간 내외에 도착할 수 있다면 갑갑함과 불편은 감수해야만 한다는 것일까. 속도와 밀접한 관계를 가지고 있는 무게, 즉 '고속'을 얻고자 '경량'을 실현하다 보니 더 이상 푹신푹신한 시트는 기대할 수 없게 되었다. 그런데 나에게 아련한 추억으로 남아 있던 녹색 시트의 추억을 소환하게 만든 것은 **KTX**를 탑승한 순간이었다. 단순히 **KTX** 의자 시트가 녹색을 띠고 있기 때문은 아니었다. 어쩌면 개찰구를 통과한 후 일상으로부터 분리되었음을 느끼면서 무의식중에 과거의 기억을 호출하기 시작했던 것일지도 모른다. 마침내 녹색 시트와 조우하는 순간 선명하게 과거를 회상할 수 있게 되었다. 1900년 남대문역으로 개업한 후 증·개축을 거쳐 현재의 자리를 유지하고 있는 서울역은 수많은 군중들이 가지고 있는 120년의 기억을 품고 있다. 비록 과거의 흔적을 되짚어볼 수 있는 곳은 사적 제284호로 지정된 구 서울역뿐이지만

---

4   Articulated bogie. 차량과 차량 사이에 1개의 대차를 설치하여 2대의 차량을 연결하고 지지하는 대차를 말한다.

말이다.[5] 하지만 나는 이내 쓴웃음을 지으며 승차권에 새겨진 좌석을 확인하고 다른 승객에게 피해가 가지 않도록 빠른 속도로 착석했다. 사실 나는 군 입대를 앞두고 있었다. 녹색 군복과 묘하게 어울리는 시트의 색깔을 바라보며 규율적 시스템에 따라 작동하는 열차에 탑승하는 동안 줄곧 생각했던 것은 하나였다. '지금 타고 있는 기차처럼 2년 동안 생활한다면 나는 무사히 사회로 돌아올 수 있겠구나.'

파국의 시대, 철도 테크놀로지의 '불연속성'이라는 자물쇠를 여는 방법

차량과 길을 기계로 통일시키는 기계적인 앙상블. 많은 사람들이 알고 있듯이 철도 테크놀로지의 발상지는 영국이다. 세계에서 최초로 건설된 스톡턴-달링턴 간 철도는 잉글랜드 남부를 관통하는 약 40킬로미터 정도의 짧은 구간이었다. 하지만 영국 의회의 승인을 얻은 최초의 철도이자 승객과 화물을 모두 수송할 수 있도록 고안되었다는 점에서 본격적으로 육상 교통의 기계화를 실현한 사례라고 평가할 수 있다. 이 철도의 건설 과정에서 조지 스티븐슨은 기계적 동력 수단 즉, 증기기관차 제작 및 운행을 가능하게 만든 1등 공헌자였다. 1825년 9월 그가 직접 개발한 증기기관차인 '로코모션 1(locomotion 1)'이 석탄용 화차를 이끌고 운행을

---

5   이영준은 한국 철도 테크놀로지가 가지고 있는 불연속성의 안타까움을 다음과 같이 언급하고 있다. "미국이나 영국에도 없는 고속철도가 있는 나라가 한국이지만 제대로 된 철도 박물관 하나 없는 나라가 한국이기도 하다. 한국에서 철도의 한쪽 끝은 끝없는 첨단의 미래를 향하고 있고, 또 한쪽의 끝은 제대로 기억도 되지 않는 과거에 닿아 있다. (…) 끊임없이 미래로 달리는 한국 철도는 과거에 대한 기억이나 표상을 별로 갖고 있지 않다. 그런데 사실 그것은 박물관에 있는 것이 아니라 철도의 현장에 있었다." 이영준, 『기계비평』, 현실문화연구, 2006년, 127쪽.

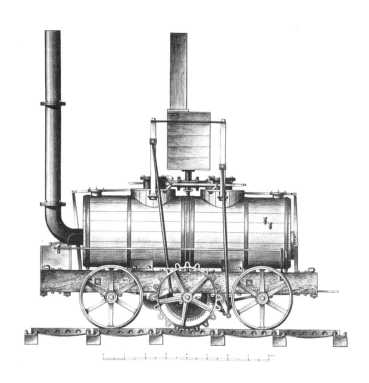

1812년 매슈 머리가 만든 최초의 상업 증기기관차 살라만카. 1829년 『메커닉스 매거진(The Mechanic's Magazine)』에 실린 삽화.

개시하였는데, 아이러니하게도 여기에는 석탄이 아닌 승객 600여 명이 타고 있었다고 한다.[6] 근대 이전부터 화물을 운송하기 위한 교통수단은 다양하게 존재했다. 대표적으로 수상 교통수단으로 배가 있었고, 육상에는 일정량의 짐을 실어 나르는 수레가 있었다. 이들 교통수단은 유기적 동력 혹은 인력을 투입하여 최대한의 효율을 만들어내기 위한 방법들을 고안했는데, 원형의 '바퀴'는 물리적 손실을 최소화하면서도 대량의 화물과 사람을 수송할 수 있는 기술적 원천이 되었다.

　　철도 테크놀로지를 구상하였던 초기에 가장 시급한 난제는 두 가지 영역에서 기계화를 실현해내는 것이었다. 하나는 동력의 기계화이며, 또 하나는 길의 기계화이다. 흔히 가축이나 인력에 의존하는 기존의 유기적 동력 기관을 기계로 대체하는 기술이 우선이라고 생각한다. 하지만 현장에 먼저 적용되었던 기술은 '길의 기계화=철로'였다. 스톡턴-탈링턴 철도가 생기기 이전에 존재했던 철도는 기계적 동력 기관을 사용하지 않았다. 고정된 궤도, 즉 철로를 부설한 후 유기적 동력을 사용하여 화물을 운송하였는데, 최초로 사용한 곳은 석탄 채굴 광산이었다. 철로의 등장으로 대량의 화물을

6　　빌 로스, 『철도, 역사를 바꾸다: 인류 문화의 흐름을 바꾼 50가지 철도 이야기』, 이지민 옮김, 예경, 2014년, 21쪽. 'locomotion'의 의미는 이동 혹은 운동(능력)으로 직역할 수 있다. 근대 이후에는 운송 수단을 통용하여 지칭하는 경우도 있다. 한국에서는 '철도 문화'의 개념과 정의에 대한 본격적인 연구가 진행되지 않았는데, 이동성·이동력이라는 의미를 담고 있는 'locomotivity'를 철도 문화로 번역한 사례를 참고하여 '철도 문화'의 개념과 범주를 설정하는 작업을 진행해볼 수 있다. 하지만 '철도 문화=locomotivity'의 적절성 여부에 대한 추가적인 논의가 필요할 것으로 보인다. 'locomotivity'의 사용 사례는 이언 게이틀리, 『출퇴근의 역사』, 박중서 옮김, 책세상, 2016년, 21쪽 참조.

운송할 수 있는 '길'이 고정되었을 때 유기적 동력의 한계와 기계적 동력 수단의 필요성은 더욱 명료해졌다. 특히, 철로를 고안하면서 독립적 동력 체계가 아닌, 톱니바퀴를 매개로 선로와 연결되는—톱니가 달린 동력바퀴를 매개로 톱니가 달린 선로 위를 움직이는—구조물을 상상하고 실험하였다. 왜냐하면 '철'이 가지고 있는 특성에 대하여 오해를 가지고 있었기 때문이다. 초기의 철도 기술자들은 매끄러운 '철'로 만든 바퀴가 매끄러운 '철'로 된 선로 위에 정지하지 못하고 헛바퀴를 돌게 될 것이라는 생각을 가지고 있었다. 아이러니하게도 '철'의 점착력에 대한 우려는 톱니를 매개로 한 선로와 바퀴의 결합 구조물을 상상하게 만들었고, 이후 '차량과 길을 기계로 통일시키는' 단계로 나아가게 된다.[7]

영국 철도사를 되짚어보면 엄밀히 말해 기술사적 측면에서 철도 테크놀로지가 불연속성을 지니고 있다고 말하기는 어렵다. 생물학적으로 인류가 진화한 것과 마찬가지로 테크놀로지도 이미 존재했던 기술과 도구, 다양한 아이디어가 결합하여 필요에 따라 지속적인 변형 과정을 거쳐왔다. 우리는 이것을 진보라고 말한다. 하지만 범지구적으로 자본주의 물결이 요동치고 있는 현시점에서 우리는 기술의 발전이 과연 '누구'를 위해 진행되어왔는가에 대해 진지하게 성찰하지 않으면 안 된다. 더군다나 기술이 대중을 지배하는 '반인간적 사회'에 진입하게 되고, 주체적 삶에 대한 근원적인 의구심을 가질 능력조차 상실해버린다면 우리는 진보를 가장한 '파국'의 시대를 맞이하게 될지도 모른다.[8]

---

7 볼프강 쉬벨부쉬, 『철도 여행의 역사』, 박진희 옮김, 궁리, 1999년, 28~32쪽 참조.

8 벤야민은 사회민주주의자들의 미래에 대한 희망에 이렇게 대응한다. "진보 개념은 파국의 개념에서 근거를 찾아야 한다. '이렇게 계속' 가면 파국에 이르게 될 것이다." 호르크하이머는 1947년 절망적인 심정적으로 이렇게 말한다. "기술적 수단의 진보가 비인간화와 함께 진행되고

한편 사회·문화적 관점에서 테크놀로지는 개인 혹은 특정 집단 내부에서 소유하고 있는 경험에 따라 편차가 상당할 수밖에 없기 때문에 필연적으로 '불연속성'이 발생한다. 그런데 국가적 차원에서 테크놀로지의 불연속적 특성을 은폐하거나 포장하여 국민들이 그 간극을 인지하지 못하게 유도한다. 신자유주의 체제는 끊임없이 수치화된 지표를 산출하고 그에 합당한 물질적 산물을 만들어 '발전' 가능성을 제시한다. 그래야만 자본을 유지하고, 나아가 확산시킬 수 있기 때문이다. 우리는 부의 독점과 확장을 통한 축적 과정을 역사적으로 경험하면서도 언젠가는 축적된 부가 자연스럽게 하방(下方)할 것이라고 믿었다. '언젠가는'이란 단어는 책임을 회피하면서도 교묘하게 약속을 지키고 있는 것처럼 호도한다. 끊임없이 희망의 메시지를 주고 있지만, 현재 '나'에게 '메시지' 말고 물질적으로 주어진 것은 아무것도 없다. 그렇다고 거짓말을 하고 있다며 마냥 비난하기도 어렵다.

더 이상 '언젠가는'으로부터 시작하는 미사여구에 현혹되지 않고, 우리가 테크놀로지의 생산자이자 이용자로서 테크놀로지의 '진보'를 구현하는 주체가 되기 위해서는 한국 사회에 내재한 테크놀로지의 불연속성을 사회·문화적 관점에서 성찰할 필요가 있다. 특히, 철도 테크놀로지는 근대적 '시간-기계'이자 '공간-기계'로서 이미 우리의 일상과 밀착되어 있기에 테크놀로지에 내재한 '불연속성'이라는 사회·문화적 특수성을 세심하게 분석할 수 있는 중요한 열쇠이다.

있다. 진보는 자신이 실현하고자 하는 목표, 즉 인간 이념을 파괴할 위험에 처해 있다." 코젤렉은 진보를 "명예로운 개념"으로 구원하기 위해서는 ― 에른스트 블로흐의 글 제목처럼― "진보 개념에서 역사 이론적 차별화"가 필요하다고 말한다. 라인하이트 코젤렉·크리스티안 마이어, 『코젤렉의 개념사 사전 2: 진보』, 황선애 옮김, 푸른역사, 2010년, 143~145쪽 참조.

열쇠 1: 조선 철도에 투사된 근대, 욕망의 표본실

잠시 100년 전으로 거슬러 올라가보자. 한국에 처음 기차가 등장했던 1세기 전, 시속 30킬로미터도 되지 않은 속도로 운행했을 새로운 테크놀로지를 바라보는 시각은 어떠했을까. 조선에 '근대'의 실체가 눈앞에 펼쳐질 무렵인 1908년, 『대한매일신보』에 실린 시가는 철도를 신식 기계문명의 차원을 넘어 근대와 동일시하고 있다.

기차 고동 한 번 불매 일폭강산 수천 리가 번개같이 순식간에 눈앞으로 지나가니 저 속력을 옮겨다가 사람 일에 붙여 노면 새 세계가 쉽게 될 듯 / 기차 고동 한 소리에 이 강산을 열람하니 지방풍진 지리키로 생민어육 되었고나 진무방책 실시하여 승평세계 만들기를 속히 가는 기차같이 / 기차 고동 한 소리에 정부대관 놀랬으니 위급시대 생각하고 전일습관 버린 후에 새 정치를 베풀어서 나라권세 회복키를 속히 가는 기차같이 / 기차 고동 한 소리에 완고 꿈을 깨었으니 전진하는 사상으로 비루심장 다 버리고 실지사업 힘을 써서 개명 상에 진보키를 속히 가는 기차같이 / 기차 고동 한 소리에 지방관리 놀랬으니 탐학하던 옛 버릇을 어서 급히 다 버리고 어진 공사 많이 하여 잔약인민 보호키를 속히 가는 기차같이 / 기차 고동 한 소리에 우리 동포 분발하여 국민자격 잃지 말고 자치제도 성립하여 사람마다 활동하는 규규 중에 나가기를 속히 가는 기차같이 / 기차 고동 한 소리에 유지사가 모였으니 우맹들을 권면하여 애국사상 발당차로 간절하게 연설한 후 단체력이 성립키를 속히 가는 기차같이 / 기차 고동 한 소리에 청년자제 깨었으니 각 학교에 입학하여 신학문을 강습하고 무정세월 여류한데 어변성룡 성취키를 속히 가는 기차같이 / 기차 고동 한 소리에 방탕자제 놀랬으니 경쟁하는 이 시대를 잠시라도 허송말고 전일행위 회개하여 실지사업 힘쓰기를 속히 가는 기차같이 / 기차

고동 한 소리에 상공업이 발달되니 금은동철 개광하여
각색물품 제조한 후 외국까지 수출하면 부강기초 이
아닌가 속히 가는 기차같이[9]

기차 고동 소리에 모든 문제가 해결될 수 있다는 기대감.
1908년 당시 조선의 실정을 나열하면서 '기차'라는 문명
테크놀로지에 그 답을 바라고 있다. 정말로 당대의 사람들은
기차를 통해서 부정부패가 만연했던 권력층의 변화가
시작되고, 신문물을 학습하기 위한 교육과 사상의 계몽이
일어나며, 상공업이 융성하여 비루했던 삶을 부강하게
만들어나갈 수 있는 초석을 마련할 수 있다고 믿었을까.
위의 가사는 기차라는 테크놀로지를 향한 기대가 단순히
테크놀로지의 영역에 한정되지 않았음을 보여준다. 여기서
기차는 곧 문명, 나아가 문명이 불러올 '근대'를 대리한다.
철도는 자연적으로 형성된 구불구불한 길이 아닌 일직선
궤도를 따라 끊임없이 앞을 향해 달려가는 '진보'였고,
거기에는 근대적 계몽을 염원하는 욕망이 투사되어 있었다.
　　『독립신문』에서는 기차가 서구의 근대문명을 작동시키는
다양한 사회·문화적 기제들을 응축하고 있다고 평하며
"철도는 학교다"라고 정의하기도 했다. 이광수는『나의
고백』에서 어린 시절 철도라는 기계문명을 학습했던 흥미로운
경험에 대해 쓰고 있다. 그는 우연히 동학(東學)과 접촉하면서
'기차'라는 문명의 이기(利器)를 처음 접했다고 한다.
동학은 서양 침략의 위협을 강하게 의식했던 민족주의적
성향이 강한 조선의 자생적 종교로 서구의 근대문명을
적극적으로 배워 위기를 극복하자고 주장했다. 이광수가
평북 정주에서 태어나 고아가 되었을 때, 승이달이라는 동학
교도의 도움을 받으면서 동학의 설립 목적과 함께 '문명'에
대한 이야기를 들었다고 한다. 그런데 이야기의 중심에는

9　　박천홍,『매혹의 질주, 근대의 횡단』, 산처럼, 2003년,
　　45~46쪽 참조.

'철도'와 '기선(汽船)', 그리고 '은행' 등이 있었다. 이광수는
동학이 생존 경쟁 시대에 삼전론(三戰論)을 강조하며, 재물을
늘리는 방법으로 농·상·공업에 힘쓰고 그중에서도 이익이
많은 것은 첫째 철도, 둘째 화륜선, 셋째 양잠이라 했다고
회상한다.[10] 동학의 삼전론은 서구의 근대문명이 작동하고
있는 핵심 기제가 '경쟁'에 있음을 간파하고 있었다. 그리고
자본의 축적을 위한 도구로 철도 테크놀로지를 이용해야
함을 역설하고 있다. 다만, 경쟁의 대상은 조선을 위협하는
외부 세력 즉, 일본과 서구 열강이었으며 재물은 민족의
공영(共榮)을 도모하기 위한 목적으로 한정하였다. 열한 살의
어린아이에게 다가온 새로운 문명의 이기는 분명한 목적성을
담지하고 있었다. 그 주체는 '민족'이었다.

경인선은 주체가 소거된 테크놀로지 문명의 기억을
그대로 보여준다. 1899년 9월 18일은 경인선 개통일로 이 땅에
처음 철도가 등장한 날이다.[11] 노량진-제물포 간 33킬로미터의
구간을 주파하는 데 1시간 40여 분 정도 소요되었으니,
표정속도(表定速度)는 시속 30킬로미터에도 미치지 못하였다.
개통 당시 조선에서 기차라는 기계 문명을 경험했던
사람은 전무했다. 1876년 강화도조약 체결 이후 수신사의
자격으로 일본에 방문하여 요코하마-신바시(토쿄) 간 기차에

---

10 하타노 세츠코, 『이광수, 일본을 만나다』, 최주한 옮김,
푸른역사, 2016년, 38~40쪽 참조. 여기서 이광수가
회상한 삼전(三戰)은 '인전(人戰, 사람의 싸움)', '언전(言
戰, 말의 싸움)', '재전(財戰, 재물의 싸움)'인데 이 가운데
'인전(人戰)'은 잘못된 기억이다. 손병희가 주장한 삼전론의
첫 번째는 도전(道戰)이었다.

11 조선 최초의 철도 개통을 기념해 이후 9월 18일을 '철도의
날'로 지정하였다. 하지만 일제 잔재를 청산해야 한다는
사회적 비판을 수용하여 2018년에 우리나라 최초의
철도국 창설일인 1894년 6월 28일에 맞춰 철도의 날을
새롭게 지정하였다.

탑승했던 김기수는 『일동기유』에서 다음과 같이 기록하고 있다. "장행랑(長行廊) 하나가 사오십 간이나 되는 것이 길가에 있거늘 '차가 어디에 있느냐'고 물으니 이것이 차라고 대답했다." 기차를 보고 '길다란 집'인 줄로만 알았던 것이다. 그가 탑승했던 기차도 시속 30킬로미터를 넘지 않았던 것으로 보인다. 하지만 "좌우에 산천, 초목, 옥택(屋宅), 인물"이 제대로 보이지 않을 만큼 빠르게 느껴졌던 것이다. 기차가 출발하자 그는 경험하지 못했던 속도를 "번개처럼 달리고 바람처럼 날뛴다"고 묘사하였다. 이와 유사한 사례로 경인선이 개통되던 즈음 『독립신문』에서는 "소리는 우레와 같아 천지가 진동하고 (…) 팔십 리나 되는 인천을 순식간에 당도하였다"는 기록을 발견할 수 있다. 우마차의 속도에 익숙했던 조선인들에게 화륜거라고 불렸던 기차라는 기계문명의 출현을 통해 속도에 대한 감각의 단절과 기대가 혼재하고 있음을 알 수 있다. 하지만 기대의 저편에서는 숨겨진 욕망들이 얽혀 치열한 각축전이 전개되고 있었다. 경인선은 제물포라는 항구와 한성을 연결하는 철도 사업의 수익성을 고려하여 철도 부설을 추진한 미국인 J. 모스와 일본에 철도 부설권을 내어주지 않으려는 조선 정부 그리고 식민지를 경영하기 위한 초석을 다져왔던 일본과의 대립 관계를 여실히 보여준다. 모스는 조선 정부의 기대와는 달리 경인선 부설권을 일본에 매각하였다. 일본 측에서 모스가 예상했던 수익을 초과한 금액을 제시했기 때문이다. 경인선 인수에 성공한 일본은 1900년 서대문-제물포 간 경인선 전통식(全通式)을 성대하게 개최한다.

　　조선에서 철도라는 기계문명은 기대와 기만이라는 '근대성'의 양면을 담지하고 있었다. 어느 날 혜성처럼 등장한 철도는 분명 조선의 땅에 부설되었지만 그곳에 조선은 없었다.[12] 조선의 철도는 제국주의를 확장하고자

12　박기종을 비롯한 일부 조선인은 독자적으로 철도 부설을 구상하였으며, 주요 노선에 대하여 부설권을 소유하고자

경인선 전통식: 1900년 11월 12일 서대문 정거장에서 거행되었다. 1899년 제물포-
노량진 구간을 개통한 후, 1900년 한강철교가 완공되면서 비로소 서대문까지 철도가
운행할 수 있게 되었다. 전통식에 대형 일장기가 걸려 있음을 확인할 수 있다.

했던 '욕망'의 첨병이었다. 제국은 자본의 확장을 위해 필연적으로 이해관계가 충돌하는 국가와의 전쟁을 수반하게 되는데, 철도는 '전쟁'을 수행하기 위한 병력과 물자의 수송이라는 목적에 충실히 복무하였다. 조선의 철도는 러일전쟁이 발발한 후 채 2년도 되지 않은 기간에 경의선을 부설한 진기록을 가지고 있다. 제국이 정치·경제·군사적 목적으로 1916년 건설을 완료한 경부·경의·호남·경원선은 X자형 한반도 종관철도로 전형적인 식민지형 철도이다.[13] 근대라는 아름다운 포장을 벗겨낸 철도 테크놀로지의 본질에는 제국주의라는 거대한 욕망이 숨 쉬고 있었다. 조선의 정치·사회·경제적 당면 과제들은 애당초 철도 테크놀로지로부터 배제되었다. 자본의 주체는 제국의 권력자들이었고, 주체가 결여된 조선의 '철도'는 궤도를 따라 제국을 네트워크망으로 연결하며 지배의 효과적인 도구로서 사명을 다했다. 조선의 철도는 기만적 근대의 표본실이었다.

열쇠 2: 규율적 철도 시스템의 작동 체계, 시각표와 승차권

이상의 「날개」에서 '나'는 경성역 일이등 대합실에 설치된

시도하였다. 하지만 기술력과 자본을 동원한 일본에 의해 부설권을 유지하는 데 실패하면서, 한국전쟁이 종료된 이후 1955년 UN으로부터 철도 운영권을 이관받기 전까지 사실상 타 국가에 의해 철도 건설과 운영이 이루어졌다. 근대 초기 조선인이 주도했던 철도 부설 계획에 관한 시론적 검토는 필자가 기고한 「진격의 독학자(20): '조선철도왕' 박기종」, 『한국일보』, 2016년 6월 5일 자 참조.

13 정재정, 『일제침략과 한국철도』, 서울대학교출판부, 1999년. 이 책은 20세기 초 조선의 철도사를 식민지 수탈론적 관점에서 서술하고 있다. 사론(史論)의 한계는 있지만, 현재까지 한국 철도사 관련 서적 중에서 가장 방대한 사료를 정리하고 있다는 점에서 참고할 만하다.

시계를 보며 다음과 같이 말한다.

> 제일 여기 시계가 어느 시계보다도 정확하리라는 것이
> 좋았다. 섣불리 서투른 시계를 보고 그것을 믿고 집에
> 돌아갔다가 큰 코 다쳐서는 안 된다.[14]

1930년대에는 이미 철도 시스템이 제공하는 강박적인
'정시성'의 시간 체계가 대중의 일상에게 삼투되었다.
'정시성'의 부작용이랄까. 이광수의 「흙」에서는 여주인공이
수색역 인근 기차 선로를 자살의 최적지로 정하는 장면을
포착할 수 있는데, 이유는 기차가 오는 시각을 '정확하게'
예측할 수 있기 때문이었다. 시간만 잘 맞추어 선로에 누워
있으면 자살을 감행할 수 있었던 것이다.

철도는 기본적으로 운영 구조상 시간 개념과 긴밀한
상관성을 가진다. 더욱이 초기의 철도는 충돌 사고 방지를
위해 철저하게 시간에 맞추어 운행되어야만 했다. 영국에서도
철도 운영 초기에는 각 철도 회사마다 기준 시간이 달랐지만
결국 대부분의 회사들이 1840년 11월 그레이트웨스턴
철도가 도입한 '철도표준시간(Railway time)', 즉 그리니치
표준시(GMT, Greenwich Mean Time)를 채택하게 된다.
철도 시스템의 도입에 따라 오랫동안 유지해왔던 관습적인
지역 고유의 시간(Local Time)은 점차 일상 속에서 자취를
감추었고, 더욱 정교해진 '시계'가 그 자리를 대신한다.

열차의 운영에 있어서 시간은 '규율'과도 같다. 철도
시스템에 가장 시급한 것은 통신 설비였다. 일정한 궤도를
따라서 운행하는 철도 시스템의 특성상 안전하면서도
최대한의 효율을 얻기 위해서는 정교한 신호 설비가
구축되어야만 했기 때문이다. 전체 신호 설비를 통제하려면
전신 설비가 필요했고, 철도 시스템은 통신 시스템과

---

14 이상, 『이상문학전집 2: 소설』, 김윤식 엮음, 문학사상사,
1993년, 336쪽.

결합하여 더욱 세밀한 운영 체계를 구축하기에 이른다. 일찍이 철로 옆에는 전신주와 함께 전선이 함께 설치되었다.[15] 그것은 전기 설비가 아니라 열차 운영 시스템을 제어하고 총괄하기 위한 목적으로 설치된 송수신 설비, 즉 전신(電信) 시설이었던 것이다. 철도 시스템과 통신 시스템이 결합하면서 승객들은 역에서 전보(電報)를 이용할 수 있게 되었다.[16]

첨단 통신 테크놀로지와 결합하여 정교한 신호 체계가 마련되자 열차를 총괄적으로 통제하여 운용할 수 있는 철도 시스템이 구축되었다. 이 시스템의 목적은 열차가 예측한 시간과 장소에 정확하게 운행되고 있는지 실시간으로 파악하여 정보를 전달하는 데 있었다. 정보 전달 과정에서 혼란을 방지하기 위해서 '시각'은 통일되어야만 했다. 세계에서 가장 먼저 광범위한 철도 노선을 보유했던 유럽이 그리니치 시간을 표준 시간으로 도입한 것 역시 철도 테크놀로지에 의해 파생된 사회·문화적 산물이었다. 조선의 경우 1905년 일부 구간을 개통한 경부 철도에 일본의 중앙 표준시를 적용하여 운영하자, 부산에 있던 세계 각국의 영사관에서도 '철도 시각'을 도입했다. 통감부는 1906년 6월부터 통감부 산하 관청에도 일본 표준시를 적용하기 시작했다. 1908년 4월 1일, 일본 표준시보다 30분 늦은 한국의 독자적인 표준시가 전면 시행되자 통감부는 종래에 일본 표준시를 적용하던 경부·경의선의 발착 시간도 경성의 시간을 따르도록 했다.[17] 그러나 한일합방 이후인 1912년 총독부는 한국 표준시를

---

15   볼브강 쉬벨부시, 『철도 여행의 역사』, 44~46쪽 참조.

16   일제강점기 시기 조선에서도 역에서 전보를 활용할 수 있었다. 예컨대 승객이 목적지에 당도하기 전에 수신자에게 미리 전보를 쳐서 원하는 내용을 전달하는 것이다. 이광수의 「흙」에서는 주인공 허숭이 경의선 정주역에서 출발해 경성에 당도하기 전, 황주역에서 전보를 치는 장면을 확인할 수 있다.

17   박천홍, 『매혹의 질주, 근대의 횡단』, 330~331쪽 참조.

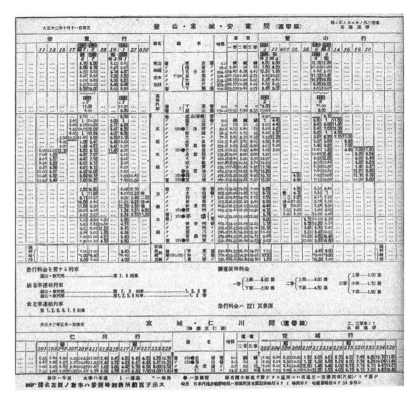

1924년 경부·경인선 열차 시각표: 시공간은 철도 시스템의 규율적 체계에 따라
분할·배치되었다.

폐지하고 일본 중앙 표준시로 통일하였으며, 철도 역시 이 시간에 따르게 되었다. 이 시간 체계는 한국전쟁이 끝나고 잠시 환원되었다가 1961년 군사정권에 의해 다시 일본 표준시로 변경하여 현재에 이르고 있다.[18]

세계의 시간적 통일을 가속화한 '철도 시스템'은 안정적이면서 최적의 효율을 산출하고자 내부적으로 시간을 분할하고 재배치해야만 했다. 평면의 '기차 시각표'는 노선과 운행 열차 번호를 기준으로 정거장의 순서에 따라 분할된 시각을 일렬종대로 도열시켰다. 철도 시스템에 의한 시간의 분할과 배치의 과정을 거치면서 공간은 새롭게 정위(定位)된다. 우리는 시각표를 통해 어느 역에 얼마나 많은 열차가 '수시로' 정차하는지를 파악할 수 있다. 특정 역에 도열한 시각이 많으면 많을수록 지역의 '위상'은 달라진다. '공간'을 시스템 내부로 끌어들인 철도 테크놀로지는 '기차 시각표'를 통해 시간과 공간을 총체적으로 엮어 시스템적으로 규율하고 있음을 상징적으로 보여준다.

우리는 보편적으로 경부선의 주요역이 서울-대전-(동)대구-부산이라고 인식한다. 조선시대 주요 교통로 중 한성과 동래를 연결하는 축은 '영남대로'였는데 한성을 출발하여 충주-문경세재-상주-대구-청도-밀양을 경유하여 동래에 도착하는 경로였다. 경부선 선로는 대구-부산 구간은 '영남대로'의 경로와 비슷한 데 반해, 서울-대구 구간은 관습적으로 이용했던 '길'과 달랐다. 조선시대와 비교하자면 현재 경부선의 주요역인 대전과 부산은 근대 이후 철도 시스템에 의해 새롭게 정위된 공간이다. 대전은 경부·호남선의 분기점으로서 철도 시스템의 영향으로 급속하게 팽창한 대표적인 근대 도시였으며, 그 결과 충청 지역 수운 교통의 중심지이자 충청감영 소재지였던

---

18 군사정권은 동경 표준시를 채택한 근거로 미군과 연합 훈련을 벌이거나, 타 국가와 시간을 환산할 경우 오히려 한국 표준시가 혼선을 초래한다는 이유를 들었다.

공주는 쇠락의 길로 접어들었다.[19] 부산은 경부선의 시·종착역이기도 하지만 제국의 입장에서는 대륙으로 진출하는 관문이었다. 1910년 완공된 부산역의 사진을 보고 많은 사람들이 경성역으로 착각할 만큼 역사의 규모도 크고 외관도 화려했다. 당시 부산역은 승객이 시모노세키(下關)로 오가는 배에 탑승할 수 있는 부두에서 근접한 장소에 위치했으며, 역사 역시 기차-선박 간 이동의 편리성까지 고려하여 설계한 것으로 알려져 있다. 부산역의 준공을 통해 비로소 동경을 출발하여 경성까지 연결할 수 있는 온전한 교통로를 완성한 것이다.

철도의 부설은 조선의 공간을 재편하였고, 철로와 정거장의 유무에 따라 도시의 위상이 결정되었다. 철도 테크놀로지는 시각표라는 2차원적 평면에 규율적 시스템을 통해 시-공간을 매개한 결과를 도출하였다. 철도 시스템의 규율이 대중들의 일상과 결합하면서 '느림'의 미학은 가진 자들이나 부릴 수 있는 '사치'처럼 인식되었다. 시간에 맞추어 더욱 빠르게 '나'에게 주어진 일을 처리해야만 했다. 근대적 일상이 시작된 것이다. 철로가 연결된 공간은 시·종착지를 기준으로 거리당 시간의 비율로 환산할 수 있었다. 그리고 환산된 수치들은 공간의 위계를 규정한다. 따라서 지속 가능한 자본의 확산을 위해 부설된 철도 테크놀로지의 탄생 과정과 시-공간의 규율화를 통한 철도 시스템의 운영 방식을 상기할 때 철도 테크놀로지가 공간의 자본적 재배치, 혹은 공간의 자본적 환산에 결정적 기여를 했다는 결론에 도달하게 된다.

시·종착역 간 소요 시간에 따라 열차의 등급이

---

19   경부·호남 고속철도 분기역 선정 당시 해당 지자체들이 역 유치에 사활을 걸었던 것은 경부선 개통과 대전이라는 근대 도시의 발전 과정을 경험했기 때문이기도 하다. '철도가 공간의 위계를 규율할 수 있다'는 인식이 무의식적으로 대중에게 각인된 것이다.

결정되고, 그에 따른 지불 요금에 차등을 두기 때문에 철도
이용자의 입장에서는 속도≒시간에 따라 돈을 지불한다는
개념이 친숙하다. 하지만 기차를 타는 동안 '시간'에 상응하는
돈을 지불하고 구매했다는 것까지는 이해하면서도 공간에
대한 돈을 지불했다고 여기지는 않는 것 같다. 예컨대, 우리가
최상급 열차의 특실을 예매하는 경우에는 쾌적하고 안락한
객차와 더 나은 서비스를 제공받을 것을 기대하며 '돈'을
지불한다. 고속열차가 등장하기 이전, 한국에서 최상급의
열차는 새마을호였다. 다수의 사람들은 1990년부터 도입하여
운행을 시작한 장대형 새마을호를 상기하는데 '새마을호'라는
이름 자체는 철도청에서 운영하던 여객 열차 중 최상위
등급에게 부여되는 명칭이었다. 원래 1969년부터 '관광호'라는
이름으로 운행을 개시하였는데, 국가 주도의 새마을운동을
활발하게 선전하던 1974년 8월 15일―서울지하철 1호선의
개통일이기도 하다―새마을호로 개칭하였다. 시속
150킬로미터의 속도로 4시간 10분 만에 서울-부산을 주파할
수 있다는 기대감을 안고 열차에 탑승한 승객들은 이전의
열차에서 느껴보지 못한 안락하고 넓은 시트에 앉아 편안한
승차감을 마음껏 누렸다. 그리고 4시간 동안 자신의 사회적
지위도 최상급의 새마을호만큼 업그레이드된 것 같은 착각
속으로 빠져들곤 했다. 평소에 비행기는 물론 상급의 열차에
탑승할 기회가 없었다가 새마을호에 탑승했을 때, '판타지'적
충족감은 한층 극대화되었다. 하지만 열차에서 내려 승강장을
지나 개찰구를 통과하는 순간, 다시 숨 가쁜 '일상'으로
회귀한다. 개찰구의 이편과 저편을 연결하는 유일한 고리는
'승차권'이다. 거기에 새겨진 열차 번호, 시·종착지, 객차
호수와 좌석 번호, 출발 시각에 순응하지 않는다면 '판타지'는
무용지물이 된다. 개찰구를 통과하여 승강장에 진입하는
순간 승차권 한 장이 '나'의 존재를 대신한다. 철도 시스템에서
'승차권'은 승객으로서의 '나'를 증명하는 유일한 도구이다.
개찰구를 통과하며 승차권을 제시하는 행위는 '나'라는
존재가 철도 테크놀로지의 규율 체계로 진입했음을 알려주는

철 도 승 차 증

직급
성명
가족

구간 ⟷ 이상 명

기간 부터 까지

발행일 20

철 도 청

(목)

(왕)

철도 공무원 가족용 승차증: 철도 공무원의 직계가족에게 일종의 사내 복지 혜택 차원에서 제공한 승차증이다. 역 매표소에서 가족용 승차증을 제시한 후, 열차번호, 출발·도착시간 및 역, 그리고 좌석번호 등을 '지정'하고 있는 일반 승차권으로 다시 발급받아야만 했다. 일종의 할인 혹은 무료 쿠폰인 셈이다.

신호와도 같다. 철도 시스템에서 철도 시각표가 불특정 다수를 대상으로 영향력을 행사하는 외부적 규율장치였다면, 승차권은 개인에 한정되는 내부적 규율 장치로서 작동하고 있는 셈이다.

이영준은 "시간은 인간의 삶을 둘러싸고 있는 환경일 뿐만 아니라, 인간을 지배하는 요소가 되기에 이른다. 속도의 개념은 그런 시간의 한가운데 있다. 따라서 속도에 대한 패러다임을 제시할 수 없다면 인간은 근대 이후로 점점 빨라져온 시간의 사이클에서 벗어날 수 없으며, 결국 파국으로 치닫게 될 것"이라고 말한다.[20] 철도 테크놀로지는 대량의 생산물과 노동력을 목적지까지 더 저렴한 비용으로 더 빠르게 운송하기 위한 고안된 기계문명이다. 화차에 사람을 물건처럼 태우고 운행하던 영국 초창기의 기차 풍경은 상상조차 할 수 없게 되었다. 그러나 현재까지 철도 테크놀로지에 내재된 사회적 본질은 변화한 적이 없다는 사실을 정작 실제 이용자인 우리는 너무 쉽게 망각하고 있다.

열쇠 3: 경쟁을 강요받는 고속열차,
분할되는 철도 시스템과 SRT

철도 시스템의 규율 장치는 대중에게 시속 300킬로미터라는 경이로운 속도를 전면에 부각시키며 미래를 선도하는 친환경 교통수단으로 자리매김하기 위해 새로운 옷을 갈아입기 시작했다. 2004년 KTX로 명명한 고속열차가 등장하면서 한국 철도의 지형은 급격하게 변동하고 있다. 현재 경부선에서 주로 운행 중인 KTX-1의 설계 최고 속도는 시속 330킬로미터이다. 신호 설비는 최대 시속 430킬로미터까지, 궤도 설비는 고속 전용선의 경우 시속 350킬로미터까지 대응할 수 있도록 설계되었다. 처음에는 영업 제한 최고 속도를 시속 300킬로미터로 규정했으나, 2008년에는 5킬로미터를 증속하여 최고 속력을 시속

---

20   이영준, 『기계비평』, 102쪽 참조.

KTX 객실 내 스크린. 우측 상단에 속도계가 보인다.

305킬로미터까지 낼 수 있다. **KTX-1**은 프랑스 알스톰 사의 기술로 개발된 차량으로, 1~2편성은 시운전 및 학술적 연구를 위한 목적으로 개통 전인 1998년에 우선 반입되었으며, 12편성까지는 프랑스에서 현지 제작하여 직수입하였다. 13편성 이후부터는 한국 로템 사가 알스톰 사와 제휴한 후 라이선스 계약을 체결하여 조립 생산하였다.[21] 당초 2004년 1단계 고속철도 사업을 완공하면서 서울에서 부산까지 기존 4시간 10분(경부선, 새마을호의 서울-부산 간 무정차 기준)이 소요되었던 거리를 약 90분 단축시켜 2시간 40분 만에 주파할 수 있게 되었다. 2010년 2단계 사업 구간(대구-부산)의 완공으로 국토교통부와 코레일은 소요 시간을 약 20분 더 단축시켜 2시간 18분 만에 서울-부산을 운행할 수 있다고 홍보하였다. 고속철도라는 첨단 기술의 구현을 통해 시속 300킬로미터의 속도로 400킬로미터가 넘는 거리를 2시간 남짓한 시간에 도달할 수 있게 된 것이다. **KTX**의 객실 내부에 설치되어 있는 스크린을 통해 탑승한 승객에게 고속열차의 현재 속도를 공개하면서 기술적 자신감을 숨김없이 보여주고자 하였다.

그런데 **KTX** 스크린에 나오는 속도계를 눈여겨본 적이 있는가. 속도를 공개하고 있다는 그들의 주장이 거짓은 아니다. 왜냐하면 스크린에 분명 현재 속도를 표시하고 있기 때문이다. 하지만 중요한 것은 속도를 선별하여 공개한다는 점이다. 탑승하는 동안 스크린을 뚫어져라 보면 정작 시속 250킬로미터 정도 되는 순간부터 속도가 공개되기 시작한다는 것을 알 수 있다. 일정 속도 이하로 떨어지면 속도계는 스크린에서 사라진다. 탑승하는 동안 속도계는 나타났다 사라지고 다시 나타난다. 우리는 고속열차에 탑승하고 있다는

---

21   KTX의 모델이 프랑스 TGV로 선정된 경위와 관련해서는 여러 요인들이 있겠으나, 눈여겨볼 부분은 당시 경쟁 모델이었던 일본 신칸센이 탈락하는 데 '민족주의'적 관점이 작용하였다는 것이다.

사실을 시속 250킬로미터 이상만 보이는 속도계를 통해서 인지한다. 단, 그 속도계가 보이는 순간에만 말이다.

시속 300킬로미터라는 '속도' 앞에 '최고'라는 단어를 은폐시킨 채, '300＝KTX'로 표상된 속도 테크놀로지. 여타 교통수단과 마찬가지로 KTX도 2시간 40분 내내 시속 300킬로미터의 속도로 질주할 수 없다. 그것은 특정 구간에서만 운행 가능한 '최고 속도'인 것이다. 객실 스크린에 나타나는 속도계를 보면 알겠지만 전체 탑승 시간 중 최고 속도가 유지되는 시간은 일부에 불과하다. 그나마도 부실 공사와 차량 결함 등으로 인해 각종 장애 등 사고 사례가 발생하면서 제 능력을 발휘하지 못한 KTX의 운행 시간은 조용히 늘어만 갔다. 특히, 대한민국 건국 이후 지난 10년 동안 철도 사업이 유례없는 호황기를 맞으면서 '철피아'라는 신조어까지 등장하였고, 각종 유착 비리는 심각해졌다. 경부고속선 2단계 구간과 호남고속선 건설 구간마저도 개통 이후 부실 의혹이 끊임없이 제기되었다.[22] 그 폐해들은 소리 소문 없이 300이라는 숫자에 매몰되었다. 우리는 고속열차가 제공하는 속도계를 보며 300이라는 수치화된 '표상'이 진실인 것처럼 강요받고 있는 셈이다.[23]

KTX-1의 도입 이후 정부는 고속열차 기술의 '국산화'에 강한 애착을 보였고, 마침내 'KTX-산천'을 제작하기에 이른다.

---

[22] 「철도업체 임원의 고백… "안전요? 생각하지 마세요"」, 『한겨레』, 2014년 6월 22일 자. 선로 전환기, 레일 침목, 레일, KTX-산천의 차량 결함 문제 등으로 인한 운행 장애 사고는 끊임없이 발생했다. 이 기사는 그 근본적인 원인으로 설계·감리 및 시공업체와 주무관청인 국토교통부, 철도시설공단·철도공사(특히, 시설공단) 등의 유착 관계 즉 '인맥'이 가장 큰 문제임을 분석하고 있다.

[23] 2016년 12월 등장한 SRT에서 제공하는 객실 스크린의 속도계는 속도를 '선별'하지 않고 있는 그대로 보여준다. 이 속도계가 계속 유지될 수 있을지는 지켜볼 일이다.

'산천'이라는 단어에는 최신의 고속열차 제작 및 운영 기술을 확보했다고 공언한 한국 철도 테크놀로지의 자부심이 담겨 있다.[24] 1998년 프랑스에서 처음 고속열차를 수입한 이후 10여 년 만에 기술 자립화에 성공한 것이다. 이제 고속열차를 수출할 수 있다는 원대한 포부도 가지고 있었다. 'KTX-산천'은 한국의 승객들에게 어색했던 '역방향 좌석'을 모두 순방향 좌석으로 배치하였으며, 승객 수요에 탄력적으로 대응하고자 10량 1편성으로 제작하여 필요시 2대를 중련 운행할 수 있도록 설계하였다. 지정학적으로 협소하고 정차 회수가 많은 점을 고려하여 가·감속 성능도 대폭 향상시켰다고 한다. 하지만 한국형 고속열차 생산을 위한 각고의 노력 끝에 탄생한 'KTX-산천'에게 필요한 것은 역설적이지만 '느림'의 미학이었다. 고속열차 기술의 '국산화'라는 타이틀을 정치·경제적으로 이용하기를 원했던 정부의 결정은 성급했다. 2010년 본격적인 운행을 개시한 이후 크고 작은 고장이 속출하면서 '산천'에 담았던 기대는 불안이라는 의미로 환기되었다.[25]

　　2015년 2월 호남 고속철도의 개통과 함께 추가 도입한 'KTX_산천(일명 와인산천)'[26]이 그 모습을 드러냈다.

---

[24]　토종 물고기인 산천어에서 따온 이름으로 '산천어처럼 날렵하고, 힘차게 세계로 뻗어 나가는 한국형 고속열차'라는 의미를 담고 있으며, 한자로 산(山)과 천(川)은 푸르른 자연을 상징하면서 친환경 녹색 철도의 이미지를 표방하고 있다고 한다.

[25]　2010년 첫 운행 이후 약 40여 건의 각종 고장이 발생하였으며, 결국 2011년 운영사인 코레일은 차량 제작사인 현대로템을 상대로 차량 결함으로 인해 발생한 신뢰도 하락 및 이미지 실추 등에 대해 11억여 원의 피해 청구 소송을 제기하였다.

[26]　와인산천(120000호대)은 2010년부터 운행한 'KTX-산천'(110000호대)과 구분하고자, 코레일 전산망 및 역내 전광판에 'KTX_산천'으로 구분하여 표기하였다.

수서역에서 대기 중인 SRT(중련 운행열차). 수서역의 대합실은 반지하형이며, 승강장은 3면 6선 터미널형으로 지하에 위치해 있다. 차후 삼성-동탄 간 광역급행철도(GTX)는 SRT와 선로를 공유할 예정이다.

국산화에 성공한 고속열차 모델로서 실추된 산천의 이미지를 회복하고자 4년여 간 영업 운행 과정에서 발생한 각종 사고와 고장 사례를 수집하여 기술적 개량을 거친 소위 산천 2세대 모델인 것이다. 그런데 기존의 KTX와는 외부 도색이 달랐다. 와인산천은 애당초 수서발 고속철도 노선의 투입을 염두하고 도입했던 차량이다. 이 고속열차는 2016년 12월 수서발 고속철도 개통 전까지만 호남고속선에 투입되었으며, 수서발 고속선이 개통하자 운영사인 SR로 임대되었다. 그렇게 'SRT(Super Rapid Train)'라는 또 다른 고속열차가 등장했다. 정부는 비로소 철도 산업의 독과점 구조를 경쟁 체제로 재편하여 국민들에게 더 나은 서비스를 제공할 수 있다고 홍보하였다. 그러나 SRT라는 복수의 운영 체제 도입이 철도 산업의 공공성을 저해하고 운영 부분을 민간 자본에게 개방할 수 있는 길을 열어두었다는 점을 간과해서는 안 된다.

앞서 언급했듯이 철도는 차량과 길을 기계로 통일시키는 기계적 앙상블이다. 철도 기계는 시스템적 테크놀로지라는 특수성을 가지고 있으므로 안정적인 운영을 위해서는 '독점'적 구조를 보장할 필요가 있다. 영국은 과도한 철도 운영 비용을 감당할 수 없어 국영 철도 회사를 20여 개로 분할 매각하는 작업을 시도하였다. 자본주의적 경쟁 체제를 철도 시스템 내부에 도입하여 효율적 운용을 유도하겠다는 구상이었다. 그 결과 기대했던 것과 달리, 20여 개의 회사가 수익성 개선을 위해 '경쟁적'으로 요금을 인상하였으며, 현재 영국은 유럽의 타 국가에 비해 평균 30퍼센트 높은 요금을 지불해야만 열차에 탑승할 수 있게 되었다.[27] 한국은 2004년

하지만 수서고속철도의 개통 이후에는 (주)SR로 임대되어 SRT라는 이름으로 운행하고 있다. 코레일은 2018년 경강선 개통 등에 대비하여 2016년부터 신규 고속철도차량(140000호대)을 도입하기 시작하였는데, 이 모델에 'KTX_산천'이라는 명칭을 다시 사용하기로 했다.

[27] 박흥수, 『철도의 눈물』, 후마니타스, 2013년, 40쪽.

철도시설공단을 발족시키면서 철로에 대한 소유권은 국가에 귀속시키고, 공기업인 코레일은 운영 부분만 담당하게 되었다. 코레일은 전국의 철도 노선에 열차를 운영하면서 철로 사용료를 철도시설공단에 납부하게 되었다. 문제는 철도 시스템의 분리가 가속화되기 시작했다는 점이다. 결국 철로에 대한 소유권의 분리를 통해 코레일이 아닌, 제3의 운영사가 설립되더라도—그것이 민간자본이 주도한 것일지라도— 국가에게 선로 사용료만 납부하면 되도록 한국의 철도 시스템을 변형시킨 것이다.

이미 밑그림을 그려놓은 상태였다. 마침내 수서-지제 간 61킬로미터의 구간만 단독으로 사용하고, 지제-부산·목포에 이르는 기존 경부고속선 및 호남고속선은 공용으로 사용하는 SR이 출범함으로써 한국 철도 시스템에 새로운 '경쟁'의 체제를 만든 것이다. 공공의 영역인 철도를 민영화하겠다는 구상이 사회적 반발에 부딪히자 정부는 SR이 자본 구조상 공적 자금으로 운영되는 '공기업'임을 강조하고 있지만,[28] 이미 우리는 공기업의 민영화 사례를 경험하였고 회사의 지분은 수익 구조에 따라 재편될 수 있음을 알고 있다. 한편으로 서울 동남권 및 경기도권 주민들의 고속철도 접근성을 개선하기 위해 계획한 수서-지제 간 고속철도는 수요가 충분하고 수익성이 보장된 사업이었기에 민간 자본의 입장에서는 투자 가치가 있다. 더군다나 서울 동북부 권역 주민은 주로 서울역 및 용산역을 시발역으로 하는 KTX를 이용하고 있다는 점에서 상대적으로 SRT를 이용하는 고객층과의 중첩 가능성이 낮은 편이다. 결국 정부는 '민영화' 가능성을 은폐한 채, '경쟁'이라는 환상을 SRT를 통하여 주입하고 있는 것이다.

기본적으로 초기 건설 투자 단계에 막대한 비용이 소요되는 철도 산업은 자본가의 입장에서 메리트가 없다.

---

28   (주)SR의 지분 구조는 코레일 41퍼센트, 사학연금 31.5퍼센트, 기업은행 15퍼센트, 산업은행 12.5퍼센트 순이다.

하지만 세금으로 건설된 선로에 사용료만 납부하고 열차를
운영할 수 있다면 이야기는 달라진다. 게다가 그 선로가
개통을 기다리는 잠재적 수요자들로 넘쳐흐르는 상황이라면
투자의 매력은 한층 업그레이드되지 않겠는가. 민간
자본에 의해 운영된 철도의 수익은 온전히 투자자의 몫으로
돌아간다. 차량과 길의 기계적 앙상블인 철도는 애당초
자본의 필요에 의해 탄생했지만, 대중 교통수단으로서
공공성을 내포하고 있기에 사회적 책임도 요청된다. 지금
한국의 철도 테크놀로지는 통일적 내부 시스템의 '분할'이라는
'불연속성'의 가속화 기로에 놓여 있는 것이다.

길 잃은 '나', 그리고 위기의 철도 구출하기
박태원은 「소설가 구보씨의 일일」에서 경성역을 바라보며
다음과 같이 말한다.

> 그곳에는 인생이 있을 게다 (…) 다만 구보는 고독을
> 3등 대합실 군중 속에 피할 수 있으면 그만이다. 그러나
> 오히려 고독은 그곳에 있었다. 구보가 한 옆에 끼여 앉을
> 수도 없게 시리 사람들은 빽빽하게 모여 있어도, 그들의
> 누구에게도 인간 본래의 온정을 찾을 수는 없었다.
> 그네들은 거의 옆에 사람에게 한마디 말을 건네는 일도
> 없이, 오직 자기네들 사무에 바빴고, 그리고 간혹 말을
> 건네도, 그것은 자기네가 타고 갈 열차의 시각이나 그러한
> 것에 지나지 않았다. 그네들의 동료가 아닌 사람에게
> 그네들은 변소에 다녀올 동안의 그네들 짐을 부탁하는
> 일조차 없었다. 남을 결코 믿지 않는 그네들의 눈을
> 보기에 딱하고 또 가여웠다.[29]

한국 철도 테크놀로지는 사회 · 문화적 관점에서

---

29   박태원, 『박태원단편선: 소설가 구보씨의 일일』, 천정환
책임편집, 문학과지성사, 2005년, 114~115쪽.

다층성을 함유하고 있다. 서구로부터 유입된 '근대'는 시속 30킬로미터의 속도에도 경이감을 자아냈고, 새로운 문명의 이기는 사회의 해악을 일소에 척결할 수 있을 것 같은 기대감을 불러일으켰다. 하지만 그 이면에는 자본의 확산을 상상하던 제국의 욕망도 동시에 투영되고 있었다. 우리에게 모습을 드러낸 철도 시스템은 식민지 조선을 효율적으로 지배하기 위한 도구로서 제 기능을 수행했다. 부강한 조선을 꿈꾸었던 다수의 민중들은 기약 없는 '기대'에 기만당한 채 고독한 삶을 살아나가야만 했다. 규율화된 시공간적 시스템을 구축한 철도 테크놀로지는 한 장의 승차권으로 '나'를 증명하고, 개개인을 파편화된 존재로 갈음했다. 이 규율 체계는 "자기네들 사무에만 바쁠" 뿐 "짐을 부탁하는 일조차도 없는" 지금의 '나'를 만들었고, 이것이 '나'를 지배하고 있는 자본주의 체제의 본질임을 인지할 겨를조차 없다. 이영준이 지적했던 속도에 대한 성찰은 여전히 유효하다.

> 일처리 속도가 빨라져도 일은 쉬워지지 않는다는 것이다. 왜? 일하는 시간이 일정하게 줄지 않는 한 속도가 늘어난다는 것은 일의 밀도가 늘어남을 의미하기 때문이다. (…) 결국 속도는 밀도와 맞물린 문제인데, 밀도의 문제를 생각하지 않고 속도만 추구하다 보니 노동의 강도만 높아지는 결과가 온 것이다.[30]

시속 300킬로미터의 고속열차가 등장한 지 15년이 지났지만 우리의 삶은 더욱 바빠지고, 더욱 쫓기는 듯하다. 부산·광주까지 고속열차를 이용하여 하루 만에 출장을 다녀올 수 있게 되었지만, 회사는 이제 '나'에게 '전국적'으로 빠른 시간 내에 일을 해결하기를 강요한다. 새마을호에 비해 더 촘촘하고, 안락하지 않은 시트에 앉아 노트북을 켜고 객차 양 측면에 설치된 콘센트에 전원을 연결한 후 업무를 계속

---

30   이영준, 『기계비평』, 103쪽.

보는 오늘날 한국인의 자화상. 열차에 오를 때 항상 '편안한 여행 되십시오'라는 문구가 눈에 들어오지만 정작 '나'는 기차를 타는 것을 여행이라고 생각하지 않는다. 고속으로 달리는 차창 밖의 풍경은 터널과 교량, 그리고 동력기관에 전력을 공급하기 위한 전신주가 지나가는 인위적인 물체들로 바쁘게 채워지기에 햇빛 가림막을 내리고 다시 업무에 집중한다. 1920년대 이종화가 잡지에 기고한 「평양행」이라는 글에는 객차 안에서 간화회(懇話會)와 음악회가 열린다고 쓰여 있다. 그는 간화회에서 어느 선생님의 신밧드 이야기가 재미있었다고 회고하였는데, 지금의 고속열차 객실 안은 그저 적막감만이 감돈다.

SRT의 등장으로 서울 동남부권과 수도권에 거주하는 주민들이 보다 편리하게 고속열차를 이용할 수 있게 된 것은 사실이다. 하지만 20년 만에 간신히 30킬로미터 남짓한 동해남부선을 개량하여 복선 전철을 개통한 '모종삽 공사'의 사례가 보여주듯 철도 건설 사업은 보통 공시된 완공기간보다 늦는 것이 관례화되고 있다. 이런 상황에서 천문학적인 세금을 투입하여 단기간에 완공한 SRT 개통은 정말 지역 주민들을 위한 것이었는지, '경쟁'의 서막을 알린 SRT의 '주인'은 누구인지 되물을 필요가 있다.

이영준이 말했던 '철도 테크놀로지의 불연속성'이라는 개념은 기억의 단절을 의미한다. 그렇기에 120여 년의 한국 철도 문화에 부재한 기억들을 복원하고 그것들을 연결하는 작업은 필요하다. 설령 기술적으로 연속성이 결여되어 있더라도 그것을 이용하는 사람들에게는 저마다의 시간과 공간의 기억들이 존재한다. 불연속성을 지닌 기술·기계가 그것을 이용하는 사람과 마주하였을 때 비로소 연속성을 가진 기계문명 혹은 기계 문화사를 서술할 수 있다.

하지만 거기서 멈춰선 안 된다. '철도 테크놀로지의 불연속성'이라는 개념을 바로 지금 한국의 철도 문화사에 확장해 적용해야 한다. 한국 철도 테크놀로지의 '불연속성'이라는 사회·문화적 특성은 주체성의 결여가

가져온 결과물이다. 철도가 이 땅에 처음 등장한 이후 대중에게 만들어주었던 수많은 '기대'들이 아직도 '기대'로만 남아 있는 것은 그것이 권력과 자본의 '기만'에서 비롯된 것이기 때문이다. 경쟁 체제는 근대 이후 줄곧 우리들에게 강요된 삶의 방식이었고, 이제 철도 시스템마저 이해관계에 따라 분할되어 경쟁의 소용돌이로 내몰리고 있다. 그런 의미에서 현재 한국 철도 테크놀로지는 '불연속성'의 연속이다.

> "미아를 영어로 뭐라고 하는지 아세요" (…) "스트레이 십 (…) 알겠죠?" 산시로는 이런 경우 대답을 잘 못한다. 순간의 기회가 지나가고 머리가 냉정하게 돌아가기 시작했을 때 과거를 돌아보며, 이렇게 말하면 좋았을걸, 그렇게 했으면 좋았을걸, 하고 후회한다. 그렇다고 이렇게 후회할 것을 예상하고 억지로 임기응변식의 대답을 아주 자연스럽고 자신 있게 지껄일 만큼 경박하지는 않다. 그래서 그저 입을 다물고 있을 뿐이다. 그리고 입을 다물고 있는 것이 너무나도 얼간이 같다는 것을 자각하고 있다. (…) 미네코는 갑자기 진지해졌다. "제가 그렇게 건방져 보이나요?"[31]

한국의 철도 테크놀로지와 철도의 규율적 시스템에 묶여 있는 개별적 주체가 처한 상황이야말로 '길 잃은 양(Stray Sheep)'이 아닐까. 나쓰메 소세키의 소설『산시로』의 주인공 산시로처럼 후회하지 말고, 차라리 미네코처럼 '건방져 보이지 않냐고' 물어보는 건 어떨까. 한국의 철도 테크놀로지에게 필요한 것은 미네코와 같은 솔직함이 아닐는지.

---

[31]   나쓰메 소세키, 『산시로』, 송태욱 옮김, 현암사, 2014년, 155~156쪽.

우리가 배 안에 살고 있는가 하는 질문은 배가 우리 세계의
일부인가 하는 질문이다. 배는 분명히 우리 세계의 일부이긴
한데 보이지 않는 부분이다.

이영준, 「에필로그, 죽은 고양이」,
『페가서스 10000마일』,
워크룸 프레스, 2012년, 301쪽.

중국 선전의 해상 테마파크로 변한 옛 소련 항공순양함 민스크호.

강부원

함모 민스크호는 왜 테마파크가 되었나?:
'매뉴얼'의 내러티브와 기술 지배[1]

1. 기술 지배와 매뉴얼

태어난 지 얼마 되지 않은 송아지에게 코뚜레를 뚫는 모습을
지켜본 적이 있는가. 연약하고 부드러운 코청에 나뭇살을
꿸 때 송아지는 고통스럽게 운다. 일소로 부리기 위해서는
송아지가 성체로 자라기 전에 미리 코뚜레를 하지 않을
도리가 없다. 그래야만 송아지를 일소로 길러낼 수 있다.
일소가 해낼 수 있는 작업량을 인간이 감당할 수 없다면
우리가 송아지의 고통을 면해줄 수 있는 방법은 별로 없다.
지금은 낯설게 느껴질지 모르겠지만 불과 몇 십 년 전까지만
해도 우리 농촌에서는 일소를 부렸다. 쟁기를 끌고, 짐을
나르는 소는 인간의 30배에 해당하는 일을 수행할 수 있다.
농경사회에서 소는 인간의 노동을 보조해주거나 대행해주는
중요한 가축이었다. 다른 문화권에서 말이 수행하는 역할을
떠올려보아도 소와 크게 다르지는 않다. 이처럼 가축을
기르고 활용하기 시작한 역사는 노동력을 보조하거나
대체하기 위해 도구를 사용한 호모 파베르(Homo Faber)의
역사와 맞먹는다.

손도끼와 수레바퀴로부터 시작된 기계의 역사는 이제
최첨단 정밀 가공 기계와 빠르고 거대한 운송 기계로까지
이어진다. 인간의 기술은 좀 더 빠르고, 좀 더 큰 힘을 내는
기계를 만드는 방향으로 발전해왔다. 그렇기에 기계의
가치는 주로 그 기계가 낼 수 있는 최대치의 속도와 최대량의
힘에 의해 결정된다. 기계의 생명은 속도와 힘에 있다.
고전물리학의 법칙($F=ma$)을 충실하게 구현하는 장치이자

---

[1] 이 글은 『진보평론』 66호(2015년 겨울)에 실린 필자의 글
「매뉴얼과 전쟁기계」를 수정 개고한 것이다.

도구가 곧 기계인 셈이다.

근대사회가 르네상스와 산업혁명의 복합적 상호작용의
결과물이라는 것은 상식적인 이해이다. 인문적 사유와 예술의
부흥, 그리고 법과 제도에 토대를 둔 근대적 개인의 출현이
근대성의 한 축을 구성하는 부분이라면 그 다른 한편에는
거대하고 복잡한 기계 개발의 역사가 자리하고 있다. 더욱이
근대사회에서 기계는 생산과 소비의 메커니즘을 전적으로
구동하는 장치라는 점에서 인간 생활의 필수적인 항목이
되었다. 노동력과 생산력의 함수 관계를 근본적으로 뒤흔든
거대한 기계들의 발명은 자본주의 체제의 지속과 성장의
동력이 되었으며 이는 근대사회의 매우 중요한 속성으로
자리매김 한다. 생산수단을 사적으로 소유한 자본가가
생산력의 근간인 노동자를 지배하면서 자본주의는 끊임없이
확산되고 발전해왔다. 이 같은 사실은 기계를 둘러싼 국가
간, 계급 간의 경합이 근대 정치의 주요한 맥락을 구성하고
있다는 사실을 다시 한번 상기하게끔 한다.

더욱이 19, 20세기를 걸쳐 지속된 제국의 식민지 정책과
그 와중에 겪게 된 1, 2차 세계대전은 초고속으로 개발된 전쟁
기계들이 국가의 능력을 보여주는 매우 직접적인 표상으로
자리 잡게 되는 계기였다. 강하고, 무겁고, 빠른 기계를 만들어
생산과 국방을 효과적으로 관리하는 국가만이 제국이 될 수
있었다. 기계란 결국 인체 능력을 넘어서는 힘을 통제하고
관리하려는 지배 정책의 역사적 부산물이기도 한 셈이다.

그런데 이때, 기계와 인간의 관계를 떠올릴 때 우리가
간과해왔던 하나의 사실을 이제 말해보려 한다. 그것은 바로
매뉴얼이다. 제품의 형태로 가공된 기계를 구매할 때 그
기계에는 반드시 매뉴얼이 첨부되어 있다. 매뉴얼은 기계의
성능과 부속품과 관련한 정보를 포함하며 제원의 형태로
그 기계의 기능을 요약하기도 한다. 기계의 사용에 관한
권리 및 사후 관리 일체에 대한 법적 고지가 기록되어 있는
것도 매뉴얼이다. 그렇지만 우리가 기계를 사용할 때 늘
매뉴얼에 의존하는 것은 아니다. 용법이 단순하거나 오래도록

길들여온 기계의 매뉴얼은 이미 기계를 다루는 인간의 손길에 역사적으로 침윤되어 있는 경우가 많다.

비척 마른 할아버지가 건장한 젊은이도 쉽게 짊어지지 못하는 나뭇짐 지게를 가볍게 들어 올려 짊어진다거나, 농촌의 여인네가 돼지 똥이 가득 담긴 묵직한 삼륜 수레를 넘어뜨리지 않고 요령 있게 밀고 다니는 모습은 경이로울 지경이다. 우리에게 흔히 '생활의 달인'으로 포장되어 알려져 있는 사람들의 대부분은 숙련된 기술을 통해 정해진 일을 재빠르고 정확하게 수행하는 육체 노동자들이다. 이들은 자신이 위치하는 작업 환경에 대단한 적응력을 보이며 반복적인 기술 학습을 통해 오차 없이 매뉴얼대로 작동되는 기계의 근사치에 도달한 인간들이다.

'매뉴얼 없이 매뉴얼을 정확하게 기계적으로 구현하는 인간', 미디어는 이들을 '달인'으로 호명한다. 그런데 도구 매뉴얼을 체화하고 구현하는 인간에게 '생활의 달인'이란 칭호를 가져다 붙이는 오랜 전통은 두 가지 의미를 내포하고 있다. '달인'은 채플린의 「모던 타임스(Modern Times)」(1936)에서 본 바와 같이 대량생산 체제에 적합하며 분업화된 작업의 효율성을 극단적으로 시현하는 존재로서의 인간을 의미한다. 닦고, 조이고, 기름 치는 것들 중 한 가지에만 특화된 인간의 전형. 이처럼 '달인'은 인간의 정신과 육체가 견뎌낼 수 있는 한계와 도달할 수 있는 목표를 동시에 정위한다는 점에서 '인간 기계화'라는 자본주의적 인간 육성의 표본이 된다. '달인'은 작업과 생산 매뉴얼을 완벽하게 학습한 인간으로 전시되지만 사실 이들은 자본주의적 생산이라는 시스템의 가장 낮은 단계에 위치한 매우 작은 파편적 존재일 뿐이다. 오히려 이들은 '생산성 향상'이라는 국가와 기업의 매뉴얼화된 기획에 의해 극단적으로 소모되거나 소외된다.

한편으로 '달인'이라는 수식어는 '인간 기계화'에 대한 부정적 인상을 지워내기도 한다. 왜냐하면 미디어는 '달인'이 되기 위한 과정에 '노력'이나 '극복'과 같은 휴먼 스토리를 부여해 포장하기 때문에 우리는 그들을 '기계화된 인간'이라기보다 단지 숙련된 기술자로 인지하게 된다. 그렇기 때문에 '달인'이라는 수식어는 보통 '장인'이라는 명명과 등치되기도 한다. 그렇지만 '달인'과 '장인'은 섬세하게 구분할 필요가 있다. 오늘날 미디어가 숙련된 기술자를 지시하는 표현인 '달인'과 전통적인 개념의 '장인'은 그 뜻과 어감이 사뭇 다르다. 왜냐하면 '장인'은 기술 연마만으로 획득할 수 있는 지위가 아니라 전인적 수양을 겸비해야 하며, 결정적으로 자본의 질서 바깥에서 이윤에 초연한 덕성을 지녔을 때만 얻을 수 있는 칭호이기 때문이다. 시간에 억압된 채, 이윤이라는 강한 동기 부여의 맥락 속에서 만들어진 매뉴얼화된 인간, '달인'과 독자적인 기술과 새로운 매뉴얼을 창안하고 만들어내는 '장인'은 서로 구분될 필요가 있다.

사실 '매뉴얼'이란 개념은 일상에 자리 잡힌 모든 질서를 통어하는 기제 혹은 체계를 의미한다. 군인과 경찰, 소방대원들이 직업적으로 익히는 행동 매뉴얼은 전쟁이나 치안 유지, 인명 구조에 필수적인 항목이다. 또 각종 고객 센터에는 서비스에 불만을 품은 소비자의 항의 수준에 맞춰 이들을 달래거나 보상과 배상의 정도를 결정하는 매뉴얼도 마련되어 있다. 하다못해 보이스 피싱으로 남을 속이려는 금융 사기범들도 상황 대처에 따른 정교한 매뉴얼을 갖추고 있으며, 마천동과 거여동에 자리 잡은 피라미드 판매 조직들도 대대로 전해 내려오는 성공 매뉴얼을 공유한다. 즉, 매뉴얼은 질서를 작동하여 어떤 목적을 달성하려는 인간 세계의 언어 규범 전반을 가르치는 폭넓은 개념으로 이해된다.

실제로 그렇다. 매뉴얼이라는 것은 기계의 작동뿐만 아니라 작업의 진행, 절차, 과정을 정밀하게 체계화한 언어 규율이다. 그런데 우리는 일반적으로 '매뉴얼' 하면 어떤 기계나 전자제품 등속에 부속된 사용 설명서를 떠올린다. 하다못해 요즘에는 거의 모든 상품의 매뉴얼 정도는 인터넷을 통해 다운로드 받을 수 있기 때문에 상품 구입 시 책자 형태로 따라오는 매뉴얼에 눈길을 주는 경우는 극히 드물다.

조금만 시야를 확장시켜보면 일상적으로 활용하는

가전제품보다 훨씬 큰 기계의 세계가 있다. 기차, 비행기, 선박 등등. 이런 기계들을 통칭해 거대 기계로 불러보자. 거대 기계들은 개인이 소유하기보다는 국가 혹은 기업이 소유하는 경우가 많다. 우리가 모형 로봇이나 간단한 프라모델을 조립할 때도 설명서(매뉴얼)를 참조하듯이, KTX나 항공기, 컨테이너선 역시 고유의 매뉴얼을 간직하고 있다.

　한국철도공사의 고속철도 KTX 차량 정비 업무는 고속철도차량관리단에서 담당한다. 1000여 명의 정비 요원들은 1만 3000쪽에 달하는 KTX 매뉴얼을 통해 고속열차를 정비, 관리한다. 3600권에 달하는 대한민국 공군 주력기 F-16의 매뉴얼을 연구하고 정비하는 인원은 3000명에 해당하는 1개 여단 규모이다. 여기에 고장 난 전자제품을 수리하고 부품을 교체해주는 전국의 가전제품 서비스 센터와 지점망들을 떠올리면 국가와 자본이 기계를 관리하기 위해 구성한 사회적 배경의 규모와 촘촘함은 상상을 초월한다는 것을 알 수 있다. 이러한 사회적 배경은 매뉴얼을 통해 이미 통제되고 있는 기계의 현실을 연장한다.

　2. 매뉴얼의 서사: '해석의 독점'과 '금지와 명령의 내러티브'
매뉴얼은 의심을 불가능하게 한다는 점에서 기계에 대한 해석을 독점한다. 데카르트 이후 주체에 대한 의심은 사유의 가장 기본적인 출발점으로 인식된다. 의심에 관련된 항목들이 구체화될수록 대상에 대한 사유는 두터워진다. 그러나 매뉴얼은 기계에 대한 의심을 불가능하게 하고 기계에 대한 해석을 독점한다는 점에서 파시즘적이다. 매뉴얼의 사용 설명을 읽으며 그 설명의 기제에 대해 의심을 품는 사람은 드물다. 매뉴얼이 지시하고 가르치는 내용을 기계적으로 학습하거나 그 도구적 지식을 활용하여 '오염된 기계'에 적용할 뿐이다. 매뉴얼의 지시에 따라 기계를 사용하는 순간 기계로부터 탈출하는 것 자체가 불가능하게 되는 까닭이 바로 여기에 있다.

　해석의 독점은 다른 가능성을 닫아걸고 은폐된 것들을

자꾸 덧씌우는 과정을 통해 공고화된다. 이것이 바로 기계를 사용할 때 매뉴얼을 참조하지 않아도 매뉴얼의 영향력에서 벗어날 수 없는 까닭이다. 기계를 마주하는 순간 우리는 이미 매뉴얼을 통해 학습된 내용을 재학습하거나 무의식적으로 독점적으로 해석된 내용을 건네받는 것뿐이다. 매뉴얼이 공시한 영역을 벗어난 기계의 활용은 '고장'이나 '기계적 결함'으로 지칭되는 일련의 작동 불능 사태와 같은 취급을 받게 된다. 그렇기에 거의 모든 기계의 매뉴얼은 '경고'와 '주의', '금지' 규정을 공표하는 것에서 시작한다. 아이폰 매뉴얼에서 일부 발췌한 다음 내용을 살펴보자.

> 중요 사항: 아이폰을 사용함으로써 귀하는 아래 약관에 구속된다는 점에 동의하는 것입니다. (…) 만일 귀하가 본 사용권 약관에 동의하지 않으시면 ios 디바이스를 사용하거나 소프트웨어 업데이트를 다운로드하지 마십시오. (…)

> 2. 허가된 사용권의 이용 및 제한 (…)
> (d) 귀하가 위와 같은 제한을 위반할 경우에는 형사적 제재는 물론 민사상으로도 그 손해를 배상하여야 합니다.

> 5. 서비스 및 제3자 자료 (…)
> (f) 애플은 귀하의 위와 같은 행위에 대하여 전혀 책임이 없고 귀하가 본 서비스의 사용으로 인해 받을 수 있는 어떠한 위협적이거나 권리를 침해하거나 불법적인 메시지나 전송 내용에 대해서도 책임을 부담하지 않습니다.
> (g) 애플 및 그 라이선스들은 별도의 통지 없이 언제라도 본 서비스에의 접속을 변경, 중지, 제거 또는 불가능하게 할 수 있는 권리를 유보합니다. 어떠한 경우에도 애플은 본 서비스에의 접속의 불가능 또는 제거에 대하여 그 책임이 없습니다. 애플은 또한 통지나 책임 없이 어떠한

경우에도 특정 서비스에 대한 접속이나 그 사용을 제한할
수 있습니다.

아이폰의 저작권과 매뉴얼을 꼼꼼하게 살펴보고 활용하는
유저는 별로 없을 것 같다. '법적 공지'와 '사용권', '보증',
'규제' 등의 항목으로 이루어진 아이폰의 매뉴얼은 애플의
기술적 지배가 어떻게 소비자를 구속하고 세계(애플 제국)의
질서를 구성하려는지 보여준다. '통제', '규율', '제한' 등
기계를 사용하는 것만으로 완전하게 동의된 것으로 간주한
채 내려지는 지시와 명령은 내가 과연 기계를 소유한 것인지,
기계와 관련된 법령에 종속된 것인지를 혼동하게 만든다.

① 기계의 고유번호를 제거, 변경, 혹은 다른 번호의
복제 입력은 불법 행위로서, 관련법규 형법 347조에
의거 10년 이하의 징역이나 2000만 원 이하의 벌금을
받게 되는 법적 처벌 대상이 됨을 유의하여 주시기
바랍니다. 또한 이러한 불법적인 시도로 인해 휴대폰의
소프트웨어가 손상되어 더 이상 휴대폰을 쓰지 못하게 될
수도 있습니다. ―모토로라 휴대폰 MS500

② 이 매뉴얼에서 명확하게 인정되지 않은 방법으로 이
카메라를 변경 또는 개조하면 사용자가 이 카메라를
사용할 수 있는 권한은 무효가 됩니다. 이 카메라를
사용하기 전에 안전 주의사항을 읽고 완전히 숙지하여
주십시오. ―후지 디지털 카메라 파인픽스 S304

③ 본 제품을 사용자가 임의로 분리할 수 없습니다.
부품의 교체를 원할 때에는 서비스 센터에 의뢰하십시오.
―삼성 노트북 NT-X06

금지와 명령은 일반적으로 활용되는 전자제품에 부과된
매뉴얼의 내러티브를 구성하는 기본적인 축이다. 자본은

179

금지의 내러티브로 구성한 매뉴얼을 통해 자신이 생산한 기계를 교환 이후에도 배타적으로 독점하고 있다. 매뉴얼에 표기된 내용 중 사용 설명의 비중과 각종 금지, 제한 규정의 비중이 거의 동일하다는 사실은 매뉴얼이 단순한 기계의 사용 설명서가 아니라는 사실을 말해준다. 매뉴얼은 ① 기계 사용이 국가의 법 테두리 안에서 보호받음(따라서 처벌받을 수 있음)을 알리고 ② 사용자의 자율적인 사용과 재가공을 금지하며 ③ 기계의 정비와 관리라는 사후 과정에까지 권력을 행사하려는 의도를 담은 언어 체계로 구성되어 있다.

그럼에도 불구하고 우리들은 이제 좀처럼 제품에 딸려 함께 배송되는 매뉴얼을 눈여겨보지 않는다. 일상적으로 사용하는 기계들은 종류가 바뀌어도 그 '전(前)-기계'의 연장선상에서 그 사용법을 익히는 데 크게 어려움이 없다. 매뉴얼 북은 이런 이유로 너무 빨리 폐지가 되거나 냄비 받침으로 용도 전환된다. 이는 우리가 매뉴얼을 단순히 기계 작동의 워크북쯤으로 받아들이는 태도에서 비롯된 현상이다.

건설교통부 항공운항본부는 2006년 12월 13일 행정처분 심의위원회를 열어 아시아나항공 8981편 (항공기 번호 HL7594)의 항공안전 매뉴얼 위반 사건 2건과 관련해 아시아나항공에 모두 5500만 원의 과징금 처분을 내렸다. 건교부의 과징금 처분 내용을 보면, 김포~제주 구간을 운항하는 아시아나 소속 항공기는 2006년 7월 29일 오전 8시 20분 양 날개의 부품 덮개 2개가 모두 없는 상태로 김포공항을 이륙한 뒤 하루 동안 9차례나 운항하고 나서 건교부 안전운항 감독관들에게 적발됐다. 조사 결과, 손바닥 크기의 이 날개 부품 덮개는 날개 아래쪽에 있어야 하는 것이다. 이 날개 부품 덮개 없이 운항할 경우 공기가 날개 속으로 빨려 들어가 공기 흐름에 문제가 생기며, 소음과 진동도 일으키게 된다. 또 하루 뒤인 7월 30일 오전 8시 20분에도 이 항공기는 지상 정비 작업 때 항공기의 바퀴다리가 접히지

않도록 꽂았던 안전핀을 제거하지 않은 채 김포공항을
이륙했다가 회항하는 소동을 빚었다. 이륙 뒤 조종사가
바퀴다리 3개 모두가 접혀 들어가지 않는 것을 발견하고
제주로 가려던 기수를 돌려 다시 김포로 돌아온 것이다.
건설교통부 항공운항본부는 "부품 덮개 없이 운항한
것은 비행 운항 매뉴얼을 위반한 중대한 잘못이어서
최고액인 과징금 5000만 원을, 바퀴다리 안전핀 문제는
상대적으로 경미해 500만 원을 부과했다"고 설명했다.
이에 대해 아시아나항공은 "부품 덮개 없이 운항한 것은
안전운항 매뉴얼 위반이 아니라, 정비 매뉴얼 위반이어서
건교부에 재심을 신청할 계획"이라고 밝혔다. —『한겨레』,
2006년 12월 13일 자.

이것은 국가가 매뉴얼의 금지 명령을 그대로 법의 영역으로
가져온 경우에 해당한다. 이 같은 처벌이 실제 항공기의
안전을 고려한 내용일지라도 분명한 것은 매뉴얼의 금지
규정이 국가의 법과 연동될 수 있다는 사실이다. 국가와
자본이 결탁하여 기계에 대한 권한을 독점하는 현상은 금지와
명령의 내러티브에서 시작하여 국가가 그것을 관리해주는
방식으로 굳어진다.
        국가와 자본이 결탁해 독점한 매뉴얼을 이해하는
대중의 반응은 들뢰즈와 같은 '기계-되기'의 심오한 철학적
성찰을 무화시킨다. 그러니까 여기서 말하고자 하는 바는
매뉴얼에 의해 지배되는 기계의 현재적 상황이 들뢰즈의
'기계-되기' 직전의 임계점에 놓여 있다는 사실이다. 이것은
국가가 매뉴얼을 통해 장악하는 기계의 독점 현상이 끓는점에
임박했다는 뜻이다.
        제시간에 전철이 출발해야 하고, 내가 타고 있는 버스의
연료통이 갑자기 폭발하면 안 되고, 직장과 학교에 도착하기
전까지 스마트폰의 배터리가 유지되어야 하고, 발표를 할 때
빔 프로젝트 램프가 갑자기 꺼져버리면 안 된다. 이런 기대를
갖고 사는 인간들은 기계의 매뉴얼에 기꺼이 복속되는 데

주저하지 않는다. 기계를 통한 자본의 관리와 국가의 통제에 온몸을 던져 내맡긴다. 매뉴얼대로 움직이는 기계들은 정확하고, 빈틈없으며, 신뢰할 만한 내 존재 배경이 되는 셈이다. 기계는 전지전능한 '데우스 엑스 마키나(Deux ex machina)'이다. 인간이 기계가 되는 것인가, 아니면 기계가 인간이 되는 것인가. 바로 이 물음 앞에서 우리는 기계에 대한 생각을 완전히 뒤바꿀 필요가 있다.

3. 테마파크가 된 항공모함

민스크호 제원

배수량	3만 8000톤(무게 4만 5500톤)
선체 크기	274x32.6m(비행갑판까지의 최대 너비: 53미터)
	앵글드 비행갑판: 195x21m
출력	증기 터빈 4축 방식, 20만shp
속도	32노트
작전 거리	1만 3500해리/18노트
엘리베이터	항공기용 Island 왼쪽(19x10m)과 뒤쪽(18.5 x 4.5m)에 각 1개
	화물용/병력용 3개
근접 방어 무기	30mm/65 AK 630 8문
함포	AK-726 76MM 함포 2문
	AK-100 100mm 함포 2문
대공 미사일	B-192A 발사기 2기(V-611 Shtorm/ SA-N-3 Goblet 미사일용)
	Zif-122 발사기 2기(RZ-13 Osa-M/ SA-N-4 Gecko 미사일용)
	Sextuple 수직 발사기(Kinzhal/SA-N-9 Gauntlet 미사일용)
전자 장비	MR-600 Top Sail 3D 레이더
	MR-700 Top Steer 3차원 대공 레이더

	Top Knot TACAN system
사격 통제	Owl Screech 76mm 함포 통제용
	MR-123 Bass Tilt AK-630 통제용
	MPZ-301 Baza/Pop Group SA-N-4
	Front Door B SS-N-12 통제용
	Grom/Head Light B SA-N-3 Goblet
	통제용
대함 미사일	12 P-500 Bazalt/SS-N-12 Sandbox
	미사일
대잠 병기	533mm 어뢰 발사관
	RBU 6000 2기
	RBU 12000(발사기당 10관)
승무원	비행 요원 포함 약 1200명

구소련의 주력 항공순양함이었던 노보로시스크
(Novorossiysk)호와 민스크(Minsk)호가 처분되는 과정은
국가를 환기하는 기계의 매뉴얼이 지니는 위상을 잘
보여준다. 기준배수량 3만 8000톤의 노보로시스크호와
민스크호는 지난 1979년과 1984년 각각 러시아 극동함대에
배치되어 미태평양 함대의 엔터프라이즈호와 미드웨이호
등과 대치해왔다.

　　냉전이 끝나고 러시아의 경제 사정이 악화되자 러시아
국방부는 이 전함의 운용을 포기하고 매각을 추진한다.
이에 1994년 '영유통(주)'이라는 한국 회사가 고철로 쓴다는
명목으로 2번함인 민스크호와 3번함인 노보로시스크호를
매입했다. 그런데 국내의 환경단체들이 "이 배의 원자로를
해체하는 과정에서 환경이 오염될 수 있다"며 대한민국
영해에서 해체하는 것에 반대해, 영유통은 노보로시스크호만
해체하고 민스크호는 러시아 국방부와 여러 차례 용도 변경
협의 끝에 결국 1998년 중국에 되팔았다. 중국에 팔려간
민스크호는 이후 관광도시로 유명한 선전의 해상 테마파크
플랫폼이 되었다.

작전 중인 민스크호. 1985년 10월.

민스크호는 국가 대 국가 간의 군사 무기 도입이 아닌
상업 자본에 의해 고철로 들여온 폐함정이었다. 그러나
민스크호가 마산 앞바다에 정박하자 해군은 통관 조사의
일환으로 항공순양함 수색을 실시한다. 그 과정에서 민스크호
기관실 내부에서 다량의 매뉴얼 뭉치가 발견된다. 그것은
러시아가 한국에 항공순양함을 이양하며 수행했던 가장
중요한 절차인 매뉴얼 소각 과정에서 누락된 일부였던 것이다.
이때 대한민국 해군과 기업은 발견된 매뉴얼 판독과 해체를
통한 역설계 공법으로 핵 항공순양함 설계 비밀의 상당량을
입수하게 된다. 물론 그 과정에서 일본과 중국, 러시아의
견제가 만만치 않았지만 항모 인수 계약 당시 문서화된
"민스크호의 선체 및 그 부속시설, 설비, 관련 건축물, 차량
등 고정자산과 무형자산 일체를 인수한다"는 규정 때문에
러시아의 치명적인 실수로 인정될 수밖에 없었다.

　　민스크호가 한국에 고철로 매입되면서 가장 먼저 거친
절차가 바로 자체 매뉴얼의 소각과 장착된 무기의 해체였다.
항공순양함의 매뉴얼은 규모 면에서 우리의 상상을 초월한다.
고속열차의 기능과 동력학, 운행 지침 따위가 모두 기록되어
있는 KTX의 매뉴얼이 1만 3000쪽에 달하며 현재 한국 공군의
주력기인 F-16의 매뉴얼은 3500권이 넘는다면, 일반적인
항공모함의 경우는 매뉴얼 종이 무게만 23톤에 이른다.
더구나 위와 같은 전투 무기의 매뉴얼은 군사 대외비에 속하기
때문에 일반에 공개되지 않고 철저하게 보안 감시되고 있다.

　　매뉴얼을 잃어버린 항공순양함은 본래의 기능이
소멸된 채 고철이나 놀이공원으로 위상이 격하된다. 이것은
매뉴얼이 기계에 종속된 것이 아니라 기계가 매뉴얼에 의해
제어되고 통제되고 있다는 사실을 말해주는 근거이다.
매뉴얼을 동반하지 않은 기계의 운명은 처참하다. 매뉴얼은
기계를 작동하기 위해 참고해야 하는 설명이라기보다 기계가
현실에서 살아남기 위한 실존 배경이다.

　　전투기와 구축함, 로켓포와 전차 등 군사 무기의
매뉴얼은 대외적으로 감춰져 있으면서 적극적으로

공표되기도 한다. 이 같은 아이러니는 군사 무기의 정체성과 관련되어 발생한다. 군사 무기의 매뉴얼은 일차적으로 제원으로 공개되는데 그 제원은 군사 무기의 기본적 동력과 성능을 요약하여 나타내주는 것처럼 보인다. 그러나 사실 제원은 무기의 기능적 실재보다 실제 전투 이전에 적을 제압하는 기술적 공포를 환기하는 체계로 표현되어 있다. 엄청난 자본을 투입해 개발된 무기의 새로운 기능과 향상된 성능은 상대 국가로 하여금 전쟁의 의지를 상실케 하는 가장 큰 방어기제가 된다. 그러니까 매뉴얼에 기록된 형태의 제원이 바로 그 무기의 실제인 셈이다. 대한민국 공군의 주력기인 F-16기의 최고 속도와 비행 거리, 탑재된 탄두의 확인은 곧 국가의 위상이자 군사력의 실체로서 작동하게 된다.

민스크호는 구소련 해상 전력으로 건조, 태평양 함대에 전략 배치되고 러시아의 경제 위기로 인해 운용 포기되는 일련의 과정을 겪으면서 단 한차례의 실전 경험도 하지 않았다. 이는 군사 무기의 실체에 관한 다른 관점을 제공해준다. 개발된 군사 무기의 최대 효과는 전쟁을 억지하고 발생 가능성을 차단하는 것이다. 민스크호는 이러한 차원에서 자신의 위상을 검증받은 셈이다. 적국을 상대로 공표된 민스크호의 제원은 그런 의미에서 무기 자체였고, 이런 까닭에 전쟁을 경험하지 않은 민스크호는 역설적으로 자신의 군사 무기로서의 소임을 성실하게 수행한 기계로 분석된다. 민스크호의 정치적 생명이 소멸되는 절차가 매뉴얼의 소각과 함께 시작된다는 점에서, 또 민스크호의 군사 기술을 복원하는 과정이 소각 과정에서 일부 누락된 매뉴얼을 발견하면서 시작되었다는 점은 의미심장하다.

4. 에어쇼와 국가: 속도와 정치

국가는 평시에 군사 무기의 매뉴얼을 대외비로 지정해 보안 체제를 유지한다. 그러나 국가는 정기적으로 무기를 시연, 공개하기도 한다. 그것은 대부분 군사 훈련의 형태로 이뤄지지만 각국에서 개최하는 '에어쇼' 역시 국가가 보유한

은폐된 무기를 기능적인 차원에서 대중에게 공개한다는
점에서 전쟁 기계의 비밀을 탈은폐시키는 것으로 보일 수 있다.

에어쇼는 전투 비행기뿐만 아니라 다양한 지상군 장비와
구축함과 같은 육해군 장비가 종합적으로 공개되는, 일종의
국가가 소유한 최첨단 무기의 향연이다. 막대한 비용과
사망 사고의 위험을 감수하고 국가들이 에어쇼를 벌이는
목적은 국가가 적국에 공표했던 매뉴얼의 제원을 기술적으로
시현해야 하기 때문이다. 그래서 에어쇼에서는 전쟁 무기가
자신의 매뉴얼에 기록되어 있는 제원을 보여주는 데 모든
역량을 집중한다. 이같이 '에어쇼'의 형태로 국가가 기술을
장악한 현실을 보여주는 방식은 역사적으로도 확인할 수
있다. 20세기 초기 유럽에서 벌어진 '에어쇼'와 제국 일본이
개최한 항공박람회, 현대 국가들이 경쟁적으로 벌이는
'에어쇼'의 형식과 내용은 매우 흡사하다.

20세기 전반에 걸쳐 현재까지 전성기를 구가했던
에어쇼(박람회)는 제국주의와 소비사회, 거기다가
대중오락이라는 세 가지 요소를 융합시켜왔다. 에어쇼는
제국주의의 프로파간다 장치인 동시에 국가주의를 환기하는
흥행물이었다. 전쟁 기계들은 '국가'의 디스플레이로서 대중의
감각을 자극해 국가주의의 욕망을 불러일으키는 기제로
활용되었다. 즉 에어쇼는 테크놀로지의 발전을 국가 발전으로
일체화시키면서 대중의 욕망을 끌어안았던 것이다.[2]

이처럼 에어쇼 형태의 모호한 기술 탈은폐 방식은 이미
오래전부터 국가가 기술을 독점하는 방식, 대중의 정치
조작을 이끌어내는 방식으로 전유되어왔다.[3] 대중들은 직접
눈으로 보고서야 그것(기술)을 믿었다. 추상적인 개념들의
시범과 소통, 수용에는 그것이 과학이건 예술이건, 시각적인

---

2   요시미 순야, 『박람회』, 이태문 옮김, 논형, 2004년.
3   권형진, 이종훈 엮음, 『대중독재의 영웅 만들기』,
      휴머니스트, 2005년.

과정이 필수적이다.[4]

속도는 고도로 정치적이다.[5] 속도를 단순한 기계 공학 발전의 결과물로 인식하는 것은 은폐된 정치적 목적에 순진하게 포섭된 결과이다. 비행기의 속도를 통해 개인의 시간을 장악하는 것이 바로 기계 공학과 인간 감각의 상호 메커니즘을 간파한 국가의 정치적 능력이다. 엄청난 속도로 하늘을 날아가는 비행기를 목격하는 대중들은 지상에서 걸음을 멈춘 채 비행기를 쳐다보게 된다. 즉 비행기를 목격하는 정지한 군중들은 비행기의 속도에 의해 자신의 시간을 차단당한다. 비행기의 엄청난 속도는 변화에 대한 기대를 호소하는 듯 보이지만 그것을 바라보는 대중들에게는 오히려 그 반대의 행동을 부여한다.[6] 즉 상승에 대한 강렬한 욕망이 아닌 비행기에 압도되는 일종의 정치적 마비, 정지 효과를 경험하게 된다. 비행기는 이처럼 기계 공학적 속도를 통해 대중들의 정치적 속도를 빼앗는다.

에어쇼의 형식 가운데 각 군사 무기의 최고 속도를 보여주는 것은 가장 중요한 '쇼'의 절차이다. 그것은 바로 비행기가 본질적으로 속도로 환원되어 제시되어 있기 때문이다. 속도로 표현된 비행기는 시간을 단축하고 공간을 확장하려는 국가의 욕망을 실현시켜주는 도구가 된다. 국가가 평상시 은폐하던 전략적 전쟁 무기가 의도적 노출의 과정에서 속도의 형식으로 뒤바뀌면서 대중은 무기의 속도를 기계의 본질로 이해하게 된다.

이제 속도는 인간의 감각으로 침투해, 속도감이라는 것을 이루게 된다. 속도감은 시각과 촉각이 결합된 감각이다.

---

4   엘리안 스트로스베르, 『예술과 과학』, 김승윤 옮김, 을유문화사, 2002년.

5   제이 그리피스, 『시계 밖의 시간』, 박은주 옮김, 당대, 2002년.

6   브루스 매즐리시, 『네 번째 불연속』, 김희봉 옮김, 사이언스북스, 2001년.

전쟁 중의 죽음이 기계의 속도에 묻혀버린다는 사실은 속도의
초월적 감각을 보여준다. 결국 속도감은 단순히 시각적인
현상만이 아니라 인간이 이 세계를 파악하는 바로 그 척도라는
것을 알 수 있다. 이에 대해 비릴리오는 다음과 같이 표현한다.

> 속도는 시각을 기본 요소로 다룬다. 가속하면서 여행하는
> 것은 영화를 찍는 것과 같다. 그러나 그것은 이미지를
> 만들어내는 것이 아니라 새로운 기억 상실의 흔적들을
> 만들어내는 것이다. 안 그럴 것 같지만 그것은 초자연적
> 현상이다. 그런 상황에서는 죽음 자체도 치명적으로
> 느껴지지 않는다.[7]

20세기에 발생한 숱한 전쟁 상황에서 비행기는 치명적인
공포의 대상이기도 했지만, 결국 보지 않을 수 없는, 죽음조차
무상하게 해주는 매혹의 기계이기도 했다. 엄청난 속도로
하늘을 날아가는 비행기는 지상의 인간들에게 기술적 숭고를
불러일으킨다. 숭고는 인식 범위를 넘어서는 압도적인 크기나
속도를 지닌 대상을 체험했을 때 생기는 미감이자 심리이다.
근대 이후 거대한 자연의 질서가 탈신화화된 이후, 인간이
만들어낸 거대한 기계 혹은 빠른 기계만큼 숭고라는 표현에
적합한 대상은 찾기 힘들다. 그 가운데에서도 하늘을 빠른
속도로 날아가는 비행기는 그야말로 기술적 숭고의 전형이
될 수 있었다. 이처럼 비행기를 통한 숭고의 체험이 선사하는
것은 공포와 매혹이다. 압도적인 기계의 속도와 위력 앞에서
느끼는 인간의 공포와 전율, 이와 동시에 인간이 그 기계에게
느끼는 매혹은 하늘을 날아가는 비행기를 직접 목격하는
사람이 겪는 한결같은 심리 상태이다.
　　비행기의 목격자, 특히 전쟁 중인 도시에서 비행기를
목격하는 군중은 종종 다른 측면들은 무시한 채 그것을

7　　폴 비릴리오, 『속도와 정치』, 이재원 옮김, 그린비, 2004년,
　　61쪽.

바라보는 자신의 감정을 곧바로 국가로 귀속시킨다. 이렇게 당연하게 연결되는 비행기와 국가의 이미지 연관은 그 표상성의 실제보다 그것을 자연화하려는 국가 주체의 노력에 의해 더욱 강화되기도 한다. 비행기를 비롯한 전쟁 기계의 표상들이 당대의 프로파간다를 장악하는 순간, 인간의 죽음마저도 아름다운 전쟁의 풍속으로 변할 수 있다는 사실을 우리는 2차 세계대전 당시 일본군 '가미카제'의 사례를 통해 목격한 바 있다.

전쟁과 기술은 병렬적으로 발전하는 것이 아니라 유기적으로 결합되어 있다. 전쟁의 진정한 문제가 "물질적 승리를 쟁취하는 것보다 지각 장들의 비물질성을 전유하는 것"[8]인 한에서 전쟁은 언제나 심리적 무기를 동반하며 스펙터클을 조직하는 것이라는 뜻이다. 전쟁이 모든 우연성을 제거하는 최첨단 과학 무기 시스템으로 이행한 오늘날에도 그것은 여전히 심리적 신비화를 그 핵심에서 조직하여 때로는 공포심을 때로는 대중적 활력과 사기 증진을 일으킨다. 몸의 중추신경과 감각기관의 이미지에 대한 과잉 노출과 무의식적 반작용을 통해 이루어지는 이와 같은 심리적 요소의 조직화와 더불어 폴 비릴리오에게는 전쟁을 다룬 영화 자체가 무기의 범주에 속하게 된다. 이것이 바로 비릴리오의 '지각의 병참술'이다.

이것은 1차 세계대전 중 스타 시스템과 섹스 심벌이 '지각의 병참술'의 효과로 등장하고 군사 산업과 영화 산업의 복합체 속에서 미디어가 상업적, 산업적 권력에 의해 장악되는 과정, 이미지 병참술과 음향-음악 병참술의 결합이 파시스트 선전전의 정수를 이루게 되는 과정과 많이 닮아 있다. 그러므로 '에어쇼'가 보여주는 도구적 테크놀로지의 습격과 역동주의가 인민 대중 각자의 위치를 얼마나 낮추는지에 대한 이해가 필요한 것이다.

---

[8] 폴 비릴리오, 『전쟁과 영화』, 권혜원 옮김, 한나래, 2004년, 35쪽.

국가가 재현하는 '에어쇼'는 속도의 현실을 되살려주는 것이 아니라 국가가 비행기를 장악하고 있다는 사실을 대중들에게 환기시킬 뿐이다. 빠른 속도로 날아가는 질서정연한 비행기 편대의 이미지는 대중들로 하여금 국가를 테크놀로지의 집합체로 인식하게 만든다. 기계의 내용은 이렇게 국가의 일방적인 의미 변환('쇼'의 형태)으로만 확인 가능하기 때문에 그 과정을 통해 반복 생산된 이미지는 일방적인 조작의 형태일 수밖에 없다. 이러한 기계의 속도가 가장 명시적으로 드러나 있는 기록의 형태가 바로 매뉴얼인 것이다.

매뉴얼이 제시하는 전쟁 무기의 속도는 대중들에게 기계를 '바로', '여기'의 문제로 인식하지 못하게 만든다. 실제로 매뉴얼이 제시하는 전쟁 무기의 가공할 만한 속도는 현재의 정치적 역학관계를 끊임없이 구성하면서 그 속도를 인지하는 대상에게는 정반대의 결과를 낳는다. 대중은 기계의 속도로 인해 현실 정치로부터 유리된다. 매뉴얼의 제원이 공표하는 명확한 속도에 대한 현장감이 사라지면서 속도로만 탈은폐된 기계는 국가와 동일한 경외의 대상이 되는 것이다. 이 순간 기계는 현실의 문제로 낙착하지 못하고 고도의 추상성을 띤 정치 이데올로기에 의해 전유되기도 한다. 이렇듯 기계의 비밀이 기록된 매뉴얼은 단순히 기계의 구조와 기능을 설명하는 문서가 아닌 도구적 기술이 지배하는 근대국가의 정치적 메커니즘이 문자화된 일종의 언어 텍스트로 격상된다.

5. 테크놀로지와 매뉴얼: 기술적 습격과 방어의 장소들

아, 하나 더 있습니다. 이 모든 기술은 놀랍습니다. 그렇지만 이것들은 모두 예술가들에게 귀착됩니다. 왜냐하면 이들이 없고서는 볼 것도 들을 것도 없기 때문입니다. 우리는 그 점을 염두에 뒀으면 좋겠습니다.[9]

---

[9] 2006년 9월 13일 애플사의 회장 겸 CEO인 스티브 잡스가 아이맥과 아이팟 신제품 소개를 마치고 무대 뒤로

하이데거는 기술을 세계를 이해하는 하나의 방식, 인간이 존재자들과 교섭하는 하나의 방법으로 규정하였다. 기술이 야기한 결과들 혹은 효과들보다는 기술 현상 그 자체, 곧 현상적 차원에서 생생하게 감지되는 기술의 본성과 그 역할에 주목한 것이다. 또한 현대의 기술은 단순히 목적을 위한 중립적 수단이 아니며, 인간과 세계 사이에 개입하여 그 관계를 굴절시키고, 궁극적으로 인간의 실존 방식에 어떤 식으로든 영향을 준다고 말한다.

하이데거에 따르면 '테크놀로지'는 더 이상 도구로서의 어떤 것이 아니다. '테크놀로지'는 도구와 상관없이 이미 세계의 전체이며 모든 지(知)와 예술의 존재 방식이다. 하이데거에게 '테크놀로지'의 본질은 따로 있었다. 그것은 고대 그리스의 '테크네(techne)' 개념과 유사하다. 테크네란 '예술', '숙련 기술' 또는 '공예'로 번역하는 것이 일반적이다. 즉, 테크네는 인간을 위할 수 있는 어떠한 무엇을 만들어내는 일련의 작업 과정을 뜻했다. 그 안에는 미술, 조각, 웅변, 건축 등 모든 것이 포함된다. 여기서 기술은 목적에 대한 수단이 아니며, 도구나 기계의 조작만을 의미하지도 않는다.[10]

아리스토텔레스가 설명한 '테크네'의 의미를 살펴보면 기술의 본질은 더욱 극명해진다. '테크네'는 예술 작품의 근원을 이해하고, 그 배후에 있는 기법과 이론을 연구하는 것이다. 중요한 것은 예술 작품의 창작이 아니라 그것을 만든 사람 안에 있는 원리를 발견하는 것이다. 여기서 테크네는 예술 작품의 생산 과정에서 발휘되는 자기표현의 추진력을 말한다. 원래 '테크네'라는 말은 단순히 제작의 방법만을 의미하는 것이 아니라 상징적이고 정신적인 의미를 품고 있다.[11]

걸어 들어가다 관객을 향해 돌아서 한 말이다.

10 이기상, 「존재 역운으로서의 기술」, 『하이데거 철학과 동양사상』, 한국하이데거학회, 2001년.

11 엘리안 스트로스베르, 『예술과 과학』, 김승윤 옮김, 을유문화사, 2002년.

고대의 '테크네'에서부터 이어져 온 '테크놀로지'란 기술적인 측면뿐만 아니라 예술과 기예를 포함한 '종합'으로서의 의미를 갖추어야 한다. 그러나 오늘날 테크놀로지라는 말은 이러한 철학적 의미에 도달하지 못하고 흔히 도구적인 의미로만 이해된다. 무언가를 생산해내는 기술이거나 생산 장치로서의 기계. 그것은 그저 수단으로 기능할 뿐이지 그 자체로 어떠한 의미를 갖거나 미학을 가질 수 있는 성질의 것은 아니었다.

즉, 제국의 시대와 현대 국가의 시대에 테크놀로지라는 것은 그야말로 이성과 논리에 의거한 자연과학 기술과 기계 덩어리라는 뉘앙스를 풍긴다. 그러므로 비테크놀로지적인 것은 이성과 논리로 설명하지 않는 것, 또한 설명될 수 없는 것이다. 그 설명될 수 없는 항이 바로 예술과 미학의 영역이다. 이러한 인식은 하이데거가 인식한 테크놀로지에 대한 전면적인 오해이자 하이데거가 스스로 현대 기술을 비판한 지점이기도 하다. 그렇다면 근대의 도구적 테크놀로지가 근원적 테크놀로지를 사산시키는 장면은 어느 장소였으며 어떠한 방식으로 이루어졌는가 하는 문제가 남게 된다.

근대국가의 권력 정치가 작동하는 과정과 자본주의가 무차별적으로 확산하는 과정에서 테크놀로지의 영향력은 절대적이었다. 그러나 근대국가의 문제점과 자본주의의 모순에 대한 비판이 실행될 때, 기계에 대한 비평은 거의 항상 누락되었다. 이제라도 기술이 근대적 지배와 통치의 본질적 맥락이라는 사실을 직시해야 한다.

항공모함처럼 엄청난 물리량을 발휘하는 기계의 내용과 형식을 마주치는 순간 테크놀로지의 본질은 휘발돼 버린다. 테크놀로지의 본질을 놓친 기술은 인간의 존재를 훼손할 수 있다는 점에서 문제적이다. 이처럼 근대의 기술이 국가와 자본에 의해 도구적인 가치로만 전유되는 상황에서 미학적 예술적 사유를 가능케 하는 테크놀로지의 근원적 힘을 회복하는 것은 쉽지 않은 일이다.

매뉴얼은 이러한 국가와 자본의 기술적 습격이

이루어지는 장소이다. 매뉴얼은 기계에서 생략 가능한
항목이 아니라 그 존재 배경이며 현대의 무기와 기계들을
도구적 테크놀로지로 전용하는 근거가 된다. 국가와 자본은
이러한 매뉴얼에 기계의 본질을 은폐시켜놓았다. 전쟁
무기의 매뉴얼은 대부분 보안 관리되고 있으며 가끔씩 '쇼'의
형태로 탈은폐되지만 그것은 속도를 환기할 뿐 테크놀로지
본연의 정신을 회복하진 못한다. 그러니까 국가와 자본은
기계에 대한 모든 은폐와 탈은폐에 간섭함으로써 기계에
대한 오염을 더욱 강화하고 있는 실정이다. 더욱 문제가
되는 것은 앞서 언급한 대로 매뉴얼이 기계에 대한 해석을
독점하는 상황이다. 그 의심 불가능성이 야기하는 파시즘적
성격과, 국가가 법적인 영역으로 수용, 보호하는 금지와
명령의 내러티브는 심각한 문제가 아닐 수 없다. '기계비평'은
이러한 국가와 자본의 기술적 습격을 방어하는 장소이다.
기술은 어떤 미래를 분절하여 보장해주지 않는다. 인간이
'체현'된 기술을 올바르게 '해석'하고 그 '배경' 관계의
본질을 깨닫는다면 국가와 자본에 의해 도구적으로 전용된
테크놀로지는 올바른 의미에서 탈은폐될 가능성이 분명히
있을 것이다.

K-알파고에 1000억 가까이 되는 돈을 쏟아붓고 있지만 머지않아 그 예산이 온데간데없이 사라질 게 뻔합니다. 문제는 전부 유행으로 지나간다는 겁니다. 메이커(maker) 열풍 같은 경우도 마찬가집니다.

이영준, 「우리는 어떤 미래를 지지할 것인가」,
『시민을 위한 테크놀로지 가이드』,
반비, 2017년, 352쪽.

메이커스 베이스(Makers' Base), 도쿄: 일본식 테크숍(하드웨어 시제품을 제작할 수 있게 해주는 미국의 제작 공간)이라 할 수 있으며 목공, 도예, 3D 프린터, 실크스크린, 재봉, 레이저 커팅 등이 가능하다. 내부는 마치코바의 느낌과 공동 부엌을 포함한 협업 공간이 섞여 있다. 실제로 '마치코바(まちこうば)'는 마을이라는 의미와 공방이라는 의미가 합쳐진 말로, 동네에 있는 작은 공장을 일컫기도 한다.

언메이크 랩
제작자, 제작 공간, 운동[1]

코끼리 더듬기

활동을 하다 보면 종종 "요즘 사람들이 왜 이렇게 만들기에
관심을 가질까요?"라는 질문을 받게 된다. 난들 알까. 시각
디자이너로 산지 수년, 앉아서 하루 10시간 가까이 태블릿
펜만 놀리는 인생에 몸은 망가져가고, 사는 게 사는 거 같지
않던 어느 해, 몸 노동을 해야겠다는 생각에 이것저것 하다
보니 여기까지 온 걸. 거기다 연구자, 예술가, 활동가 친구들과
부대끼며 살아온 인생이다 보니 이런저런 함의들이 도저히
그냥 지나쳐지지 않아 이렇게 글도 쓰고 있는걸.

그래도 4년 가까이 활동하며 질문을 받을 때마다 생각은
해봤다. 그다지 새롭고 명징한 생각은 아니지만 대략 이런
대답들을 했던 거 같다. "자기 취향을 적극적으로, 어쩌면
과시하듯 드러내고 싶은 거겠죠"라는 시큰둥한 대답부터,
"관계의 욕구가 있는 거 같아요. 하지만 피곤한 모임도 싫고
그렇다고 SNS 관계는 촉각적인 면이 없죠. 하지만 만들기는
공통의 목표가 있는 데다가 촉각적이잖아요? 만들기 자체가
중재적인 관계를 형성해준다고 할까? 직접적 관계보다
만들기란 것이 중간에 있으니 편안하게 느껴지는 게 있을
거예요. 그러면서도 뭔가를 같이 만들고 있다는 감각, 관계
맺음 그런 게 좋은 거 아닐까요?"라는 말도 했던 거 같다.
때로는 이런 말도 했던 거 같다 "생태, 정치, 경제, 문화,
교육의 방식 등 많은 것들이 위기로 다가오죠. DIY 정신
자체가 지금 이런 위기의 시대에 각자 알아서 살아야겠다는
생각과 공명하고 있는 건 아닐까요?"

가끔은 별 생각 없이 대답해놓고 나서 스스로 납득이

---

1   이 원고는 『말과 활』 2015년 8~9월호에 실린 원고를 일부
     수정한 것이다.

베타 하우스(Beta Haus), 베를린: 하드웨어 제조 기반 협업 공간. '베타 피치
글로벌(Beta pitch glober)'이라는 하드웨어 제조 경진 대회를 열며 중국의
제조업체들과 바로 연결해주기도 한다.

되어버렸던 대답도 있다. "SNS 플랫폼 같은 것들도 우리가 알아서 컨텐츠를 채워 넣어야 하는 DIY 구조잖아요. 사회구조 자체가 DIY화되어간다고 해야 할까요? DIY 자체가 살아가기 위한 기본 감각이 되어가는 거 같아요"와 같은. 이런 대답을 하고 있다 보면 만들기란 지금 시대엔 (생존을 염두에 둔) 관계의 기술일까? 하는 생각도 든다.

어쨌든 '도구의 인간' 역사를 운운하지 않더라도 이 기나긴 제작 문화의 계보만 해도 아찔한데, 지금의 제작 문화의 층위란 깃도 워낙이 다양하니 사실 무엇을 말하건 대충 말은 되는 듯하면서도 이건 코끼리 더듬기. 그러니 앞으로의 이야기들은 그저 지금의 제작 문화에서도 몇몇 단편만을 짚어내는 시선이고 지극히 좁은 지식과 시야에서 바라본 지층을 얘기하고 있다는 것을 염두에 두어달라.

제작자(Maker): 오픈된 전 지구적 정체성

제작, DIY, 자작, 메이킹 등의 용어가 다양한 맥락에서 각자의 의미를 붙여가는 것을 보는 것은 무척 흥미롭다. 만드는 사람은 언제나 어디에나 있어왔는데 오랜 인간의 본성에 가까운 이 인간상이 이 시대에 이렇게도 특별하게 호명되는 이유는 무엇일까? '레몬테라스' 커뮤니티의 호들갑스런 귀여운 '맘'들부터, 대량생산, 소비 사회에 대한 비판적 질문을 담은 자급자족 정신의 추구자들, 잉여로운 취미가들, 아마추어 창작자들, 공예가들, '전통적 산업 클러스트의 장인들', 새로운 '융합'을 만들어낼 거라는 기대를 받는 메타 창작자들, 고용의 한계에 부딪힌 시대, '데스크톱 디지털 제조'라는 신경제의 주체로 불리는 창조 계급들, 그리고 '사회문제를 해결'하고 더 나은 사회로의 변화를 불러올 것이라는 혁신가라는 호명까지, 제작자라는 정체성을 둘러싼 여러 해석에는 그 단단한 지층에 삽입되어 있는 가치 가운데 어느 것을 더 앞세우느냐의 문제로만 구분하기엔 어려운 여러 변수가 존재한다.

이러한 제작자라는 정체성에는 오랫동안 존재해왔던 것도 있을 것이고 최근의 네트워크 기술 문화와의 접합을 통해 새롭게 형성된 것도 있을 것이다. 하지만 이들 중 '메이커'란 이름의 새로운 유형의 제작자로 스스로를 정의할 수 있는 이는 아무래도 최근의 전자 회로, 코드, 기술 문화의 역량을 보유하거나 이러한 맥락을 잘 소화할 수 있는 이들로 좁혀질 수밖에 없을 것이다. 이렇게 제작자와 메이커라는 호칭 사이에는 (적어도 이곳에서는) 꽤나 간극이 존재한다. 이 '메이커'라는 호칭이 전 지구적 대명사 혹은 브랜드처럼 통용되는 것에는 아무래도 오라일리(O'Reilly Media) 사가 2005년 발간한 잡지 『메이크(Make:)』,[2] 그리고 이듬해부터 시작되어 현재 전 세계 도시에서 크고 작게 열리는 메이커 페어(Maker Fair)[3]라는 문화적 플랫폼의 성공에 기대는 바가 클 것이다.

　　한편, 닐 거슨펠트가 MIT에서 시작한 '거의 모든 것을 만드는 법(How to make almost everything)'이란 수업이 공간적으로 구현되었다고 할 수 있는 팹 랩(Fab Lab) 네트워크의 시작, 그리고 시제품 제작을 할 수 있는 테크숍(Techshop) 오픈 등 제작 문화의 공간적 형식이 구체화된 것도 이와 엇비슷한 시기인 것은 주목해볼 만하다. 하지만 잡지와 문화적 축제, 그리고 공간 형식에 대한 호응이 지금의 자작 유행을 불러왔다고 보기보다는, 이러한 잡지, 공간, 페어들이 시대에 필요한 실행들을 적절한 형식으로 모아내었다고 보는 것이 맞을 것이다.

2　　『메이크:』의 슬로건 "Technology on Your Time"은 '우리가 당장 지금 가지고 놀 수 있는 기술' 혹은 '우리 시대의 기술', '풀뿌리 기술 시대의 우리' 등의 의미로 해석할 수 있다.

3　　메이커 페어의 슬로건은 "예술, 공예, 공학, 과학 프로젝트와 DIY 정신을 축복하며"이다. 『메이크:』와 메이커 페어의 슬로건에서 볼 수 있듯 다장르적 풀뿌리 기술에 대한 상상이 주요한 출발점이었다. 현재는 각 지역과 주최자의 특성에 따라 결의 차이를 보인다. 한국에서도 2012년부터 시작되었다.

물론 이러한 전자 자작 문화는 과거부터 있어왔고 지금의 메이커 문화와 뭐가 다른지 모르겠다는 의문을 표현하는 이들도 많다. 그리고 그 말은 맞기도 하다. 정보 기술을 기반으로 하는 오픈 소스가 메이커 문화와 상호작용하는 도드라진 태도로 언급되던 시대가 아니었다는 점을 빼면 말이다. 이러한 전 지구적 정체성이 단지 유행의 기운에 의해 형성되는 것으로 치부하면 안 된다. 이면에는 공유되는 철학의 에너지가 있기 마련이다. 리처드 스톨먼[4]의 자유 소프트웨어 운동의 영향과 반향에서 생겨난 오픈 소스 운동은 저항성보다는 효율적 기술 향상을 그 기본적 태도로 채택함으로써 기업에게서도 우호적인 환영을 받으며 대중적인 인지도를 넓히는 데 성공했다. 그것이 이제는 소프트웨어(bit)의 맥락을 뛰어넘어 하드웨어(atom)까지 아우르며 '기여'라는 태도의 문제로 확장되어 기술을 개방시키고 있다.

'메이커 선언(maker menifesto)'에서 보듯 '공유-기여-배움-도구-놀이-참여-후원-그리하여 변화를 끌어내는 메이커'라는 존재적 선언은 매우 흥미롭다. 새로운 디지털리즘의 철학을 가장 이상적으로 체현하는 인간형으로 메이커를 상정하는 듯이 보이기까지 한다. 이들은 '산업에 혁명을 일으키고, 연산적 사고를 가르치고 보다 지속적인 삶을 살도록 가르치는 방식'으로 기여를 고민하는 존재이자, 네트워크 정보 경제의 융합을 충분히 활용할 수 있는 기술을 가지고 그 망의 포섭과 자율의 경계를 넘나드는 존재라는 이미지도 함께 가지고 있다.

---

[4]   자유 소프트웨어 운동의 중심인물이며, GNU 프로젝트와 자유 소프트웨어 재단의 설립자이다. 그는 이 운동을 지원하기 위해 카피레프트 개념을 만들었으며, 자유 소프트웨어 운동은 이후 오픈 소스 소프트웨어, 크리에이티브 커먼즈, 오픈 소스 하드웨어에까지 폭넓은 영향을 이어간다.

씨-베이스(C-Base), 베를린: 제작 공간이라기보다는 전통적인 해커 스페이스에 가깝다. 오래된 역사만큼이나 흥미로운 공간성을 가진 곳이기도 한데, 자신들은 4.5억 년 전에 추락한 우주선을 복구해 지구를 떠나는 것이 목적이라고. 모든 공간적 형식 역시 여기에 맞춰져 우주선의 내부와 같은 모습을 하고 있다. 드물게 정치성을 가진 공간이기도 하다.

제작 공간(Maker space):

만들고, 나누고, (돈도 벌고), 기여하는 공간

만들고 연결되기를 원하는 제작자들이 만든, 자신의 창조물을
다른 사람들에게 인정받고 공동 작업의 재미와 배움을 추구할
수 있는 공방 형태의 공간은 제작 커뮤니티에 대한 낭만적
상상을 담고 있는 곳이다. 또한 제작자 공간은 기술 사회가
매개하는 여러 접근법들이 구체적으로 모이는 곳이기도 하다.
하드웨어 스타트업, 새로운 교육, 사회 혁신, 시민 기술, 삶의
방식에 대한 접근까지 아우르며 다양한 모델로 나타나는
이러한 제작자 공간은 현대 사회의 특이한 공간소이다.
이 커뮤니티 속에 있으면 기술 사회의 다양한 경제, 문화,
정치적 변화를 따라잡지 못하는 무거운 사회 시스템을 이러한
공간들이 완충하고 있다는 느낌마저 든다.

　　제작은 새로운 것을 만들어내는 과정 이전에 기존의
있는 것의 이면을 들여다보는 행위―해체하고 재조립하며
변형하는 과정―를 통해 새로운 것을 창조할 수 있는 행위에
기반을 두고 있다. 그런 점에서 제작이라는 행위 혹은 제작자
공간은 긱(geek)한 해커[5] 문화 혹은 (IT 문화의 발흥지인)
차고 문화, 오타쿠, 펑크 같은 하위문화를 일정 부분 상속한다.
물론 근래의 깔끔한 디지털 협업 문화에 기반을 둔 공간
형식이나 전통 제조업의 공간 형식을 본뜬 곳까지 공간의
미감 역시 운영 성격에 따라 사뭇 다르다.

---

[5]　제작 문화에서 '해킹'은 디지털 반달리즘(digital
vandalism)이라는 부정적 의미보다는 '기계(기술)를
분해해 그것의 구조나 작동 원리를 이해하고 새로운 것을
만들어내는 것'이란 의미로 해석된다. 실제 핵(hack)이란
말은 1950년대부터 MIT에서 통용된 은어로 '건설적인
목표를 포함하여, 작업 과정 그 자체에서 느껴지는
무목적의 순수한 즐거움 그리고 그에 따른 결과물'이라는
의미를 담으며 이는 제작 공간의 작동 원리에도 이식되어
있다.

바그 소사이어티(Waag Society), 암스테르담: 팹 랩 암스테르담으로서 다양한 시민 기술적 접근을 보여주고 있다. 특히 DIY 바이오 기술과 관련한 웨트 랩(Wet Lab)을 운영한다.

어쨌든 공통적으로 오픈 커뮤니티 랩(open community lab)을 표방하며 과학, 컴퓨터 기술, 예술 등에 바탕에 둔 다양한 리소스, 지식, 장비 등을 워크숍, 협업, 강의 등의 형태로 공유하고 사용한다. 이름 역시 해커 스페이스나 메이커 스페이스뿐 아니라, 핵랩(Hacklab), 브리코랩(Bricolab), 시빅 랩(civic lab) 등 운영하는 주체에 따라 자신들을 세밀하게 정의하고 있으며, 물리적 공간 역시 평생교육 센터, 문화센터, 공립학교, 대학 캠퍼스 등 다양한 공간 내에 위치한다. 그리고 그러한 공간적 형식들은 DIY 캠프, 제작 학교, 모바일 제작소, 일시적 연구실 등의 변이를 거치며 전 지구적으로 다양한 방식으로 뻗어가고 있다.

'제작 공간'이라는 이 창조적 공장은 우리가 직면한 제조업의 재편, 노동 구조, 교육의 변화를 직관적으로 보여주는 곳이기도 하다. 하지만 전통적 의미의 차이 공간이나 대안 공간이라고 하기엔 현재의 제작 공간은 '혁신의 공간'이라는 의미가 더 어울려 보인다. '열정, 자유, 사회적 부, 개방, 활동성, 보살핌, 창조성'이라는 은연한 해커 윤리 위에서 작동하는 제작 문화는 뚜렷한 비판성[6]에 의해서라기보다 변혁의 속도를 가속시키는 '혁신의 민주화'[7]를 통해 결국은

---

[6] 상당한 저항성을 가지고 있을 듯한 해커 스페이스도
그다지 예민하지 않다는 것은 잘 알려진 사실이다.
지금도 종종 해커 스페이스의 비정치성을 거론하는
메일이 잊을 만하면 해커 스페이스 메일링 리스트를 타고
회람된다. 이러한 해커 스페이스의 비정치성이 수년 전
논란이 된 (혹자는 'DIY의 어두운 면'이라고 표현하는) 미
국방고등전략기획국(DARPA)의 후원과 관련이 있는지는
좀 더 탐색을 해보아야 하는 일이다. 지극히 미국적인
메이커 문화의 변이일지, 또 다른 정치경제적 포섭의
문제로 봐야 할지 말이다.

[7] 고훈민은 'Unmake lab 2014 3D 프린터 워크숍
& 세미나'에서 발표한 「3D 프린터, 마술램프 혹은

시이드 스튜디오(Seeed studio)라는 하드웨어 생산업체가 만든 메이커 스페이스에서
주관하는 선전 메이커 페어는 개인들의 자작 문화 축제라기보다는 하드웨어
스타트업들의 제품 쇼케이스 느낌이 강하다.

낡은 시스템을 해체해버리는 것은 아닐까 하는 생각을 종종 한다. (물론 그 생각에 긍정과 부정의 감정을 동시에 느낀다.) 따라서 혹시 제작자 운동(maker movement)이나 제작 공간에 대한 기대를 가지고 계신다면 '새로운 가능성'이란 밑도 끝도 없는 기대보다는 그러한 개방과 혁신의 민주화가 어떤 양가적 변화를 가지고 올지에 대한 좀 더 예민한 촉을 가지고 바라보기를 권한다.[8] 물론 한국과 중국 등 행정에 의한 추동이 강한 동아시아 국가, 특히 아파트라는 주거 형태와 사교육 열기가 강한 이곳에서는 지극히 한국적인 결의 제작자 운동과 공간의 확산을 목도하고 있지만 말이다.

전략들

2017년 현재는 또 다른 국면을 보이지만 2010년대 초반의 디트로이트 메이커 페어는 제작 문화의 한 측면을 이해할 수 있는 흥미로운 모습을 보여주었다. 포드, 팹시 같은 전통적 산업체부터 마이크로소프트와 같은 공룡 IT 기업, 보잉보잉, 엣시와 같은 자작 문화 커뮤니티나 마켓까지 나란히 후원자 명단에 올라가 있는 디트로이트 메이커 페어를 보고 있자면 디지털 제조 종사자들이 시제품을 제작할 수 있는 테크숍이

전자레인지?」라는 글을 통해 '기술의 민주화'보다는 '혁신의 민주화'라는 표현으로 현재의 기술 기반 자작 문화를 정의했다.

8   개인주의적이고 자기 신뢰에 기반을 둔 결정, 기술 친화성, 독립성, 정부로부터의 자유, 권위에 대한 의심, 그리하여 강한 신자유적 윤리와 돌봄 윤리의 복합적 협상 공간이라는 관점은 제작자 공간과 제작자 운동의 양상을 가장 흥미롭게 표현하고 있다고 생각한다. Austin L. Toombs, Shaowen Bardzell, Jeffrey Bardzell, "The Proper Care and Feeding of Hackerspaces: Care Ethics and Cultures of Making," in *CHI '15*, New York: ACM, 2015, pp.629-638 참조.

이 도시에 처음 문을 연 것도 우연이 아니다.⁹ 즉 제작 문화가 자동차 제조업의 몰락 이후 퇴락한 디트로이트의 재생에 일조한다는 이야기도 더 이상 새로운 이야깃거리가 아니다. 개인 자작의 핵심 용어 '수리(fix)'라는 단어가 거대 맥락으로 흥미롭게 차용되어버린 '도시를 고쳐라(fix the city)'는 디트로이트의 도시 재생 슬로건이기도 하다. 한국 역시 유휴 공간이라는 사회적 자본을 적극적으로 이러한 '메이커 스페이스'의 조성에 내어놓기도 한다. 이처럼 제작 문화는 퇴락해가는 전통 산업 클러스트나 유휴지에 새로운 기운을 불러넣어줄 '혁신 생산'의 선봉대 역할로 배치되기도 한다.¹⁰

이러한 제작자 운동의 국가 정책적 차용은 2014년 미국 백악관에서 열린 '메이커 페어'에서 정점의 모습을 보여주기도 했다. 백악관 앞마당을 배회하는 로봇 기린과 3D 프린터로 뽑아낸 바이올린을 연주하는 연주자의 모습이 SNS를 장식하던 6월 18일을, 오바마 대통령은 '제작자의 날'로 부르며 이 자작물의 축제가 새로운 미국 제조업의 르네상스를 견인할 플랫폼이 될 거란 기대를 내비쳤다.

'선전 메이커 페어'에서도 역시 비슷한 비전과 전략을 꾸준히 읽을 수 있다. 2014년의 슬로건 '중국과 혁신을(Innovation with China)'이라는 문구는 더 이상 실리콘밸리의 '카운터 파트너 역할을 하지 않겠다'는 중국의 야심과 함께, 전 세계 IT 하드웨어의 생산지로서 선전이란 도시의 전략을 보여줬다. 용산의 수십 배 규모의 전자 상가 단지 선전 화창베이는 '무엇이든 생산해주겠다'며 세계의 '창객'(메이커의 중국어 표현)에게 문을 열고 있고,

---

9   혹자는 인터넷 주문 배송의 발달로 이것도 더 이상 유효하지 않은 전략이라고 얘기하기도 한다.

10   그렇다고 이들이 전통적 제조업을 부흥시킬 존재로 보이지는 않는다. CNC, 3D 프린터와 같은 개인 생산 장비들은 분명 산업 시대 노동자들을 위한 생산 장비는 아니다.

짝퉁 정도로 이해되던 중국 특유의 빠른 카피 문화(산자이 문화[11])는 이러한 메이커 문화와 공명하며 기민한 '오픈 소스 정신'으로 재해석되고 있다.[12]

이와 같이 제작자 문화는 단순한 자작물의 커뮤니티, 축제, 공간을 넘어 도시 재생, 신경제의 동력으로 적극 활용하기 위한 국가와 행정의 전략이 작동하는 장이 되어가고 있기도 하다. 디지털 제조업을 다시 핵심 경제 역량으로 삼으려는 여러 나라의 정책에서도 엇비슷한 흐름을 볼 수 있다.

새마을 운동도 운동이었으니

3년 전 즈음에 제작자 친구들과 우스갯소리처럼 나누었던 이야기가 있었다. 한국의 진정한 메이커는 '세상에 이런 일이'에 나온 기인 같은 이들이란 이야기. 농담처럼 주고받은 이야기이지만 사실 한국에서는 뭔가를 진정으로 엉뚱하게

---

11   산자이(山寨)는 『수호전』에 등장하는 '산적들의 소굴'에서 유래한 단어로 보인다. 이 단어가 중국에서는 정품 가전기기 등을 모방하고 복제하는 등의 '짝퉁' 문화를 지칭하는 단어로 쓰이다가 현재는 주류 문화에 대응해 자생적으로 복제와 창조를 더한 해커 문화의 맥락을 획득하고 있다.

12   자국의 특정 문화를 제작 문화에 부응해 전략적으로 해석하는 흐름은 곳곳에서 발견된다. 인도네시아의 족자카르타의 경우, 매해 지역 혁신가, 미디어 아티스트, 공학 대학이 주축이 되어 '트랜스포메이킹 페스티벌(Transformaking Festival)'을 여는데, 이러한 '혁신 도시' 전략과 함께 지역의 대형 불교 사원 유산 자체를 '제작자 공간'으로 호명하는 사례가 그러하다. 한국에서도 관 주도의 도시 재생 정책과 함께 세운상가를 메이커 스페이스, 기술 장인의 공간, 혁신 생산 기지로 호명하는 등 비슷한 사례를 발견할 수 있다.

만들고 조립하고 손보고 부수는 '미친' 제작 본능을 가지기엔
그 시간도, 그 토대도, 파고듦도 빈약하다. 어서 빨리. 성과.
우리 모두가 그 가속의 플랫폼 위에 있다.

　　이 글을 쓰고 있는 동안 뉴스에서는 '모든 개인이 제조자,
메이커 운동 본격 확산한다'라는 기사를 내보내고 있다. 정부
정책은 매해 제목을 조금씩 달리하며—창조경제의 맥락에서
4차 산업혁명의 맥락으로 이동하며—엇비슷한 인식을 보이고
있다. 한국에서 제작자 운동은 여러 정책적 틀거리 안에서
하나의 '해결적' 미디엄으로 탐다운 정책으로 시행되고 있다.
누군가는 환호할 것이고, 누군가는 자생성 없는 문화에 대한
탄식을 늘어놓을 것이다. 어쩌면 급격한 경제 전환의 시대와
각축의 장 위에서 이러한 정책적 견인은 당연한 것으로 볼
수도 있다. 어쨌든 늘 예상이 되던 시나리오였다. 언제는
그렇지 않았던가. 이런 토대에서도 '삐져나오는 것들과
전유하는 것들이 늘 있어왔다'라는 위안을 바로 꺼내 들 수
있는 것 또한 우리의 역사이지 않은가.

　　단지 '개인이 생산수단을 가진다'라는 철 지난 경제
프레임으로 많은 것들이 모아질 거란 희망은 참 복잡한
심정이 들게 만든다. 수직적 대량산업 사회를 벗어나
수평·협업·개방성에 바탕을 둔 자족적 생산의 시대라는 희망
이면에 존재하는, '각자 알아서 살라'고 요구하는 그 이중적
시장에 대한 고민을 시작해야 한다. 그렇지 않다면 이 제작자
운동의 뒤엔 그저 '바뀌지 않은 새로운' 디지털 노동의 모습이
어른거릴 뿐이다. 어쨌든 지금 공예, 디자인, 미디어 아트,
전통 제조업, 청년 일자리 담론, 사회적 경제, 4차 산업혁명,
디지털 하드웨어 스타트업, 사회 혁신, 적정 기술, 행동주의
담론들까지, 이 영역에서 새로운 가능성을 찾고 싶어 하는
신호들을 본다. '제작자 운동'을 자기의 방식으로 해석하며
새로운 실험을 찾는다. 다른 변화의 가능성을 찾고 싶어
하는 몸들의 웅성거림과 이동, 오히려 그것 자체가 제작자
운동으로 보일 정도이다.

　　이 글은 처음으로 제작자 운동을 접하는 이들을 위한

입문적 글이지만 이 운동이 새로운 시민운동의 도전이 될 수
있을 거란 희망을 주는 목적으로 쓰이지는 않았다. 오히려
그 저류를 얕게라도 훑으며 새로워 보이는 개념, 공간이
실제적으로 이곳에서 어떤 토대에서 자라날 수 있는가를
질문하는 글에 더 가깝다. 혹은 제작 문화의 기치가 내포하는
'DIY 시민성'을 우리가 요구하는 것인가, 혹은 요구받고
있는가라는 질문을 포함하고 있기도 하다. 늘 공간도 개념도
한 사회의 결에 맞는 방식으로 자라나게 마련이다. 이 제작자
운동이 새로운 시민적 운동이 될 수 있는 가능성을 찾기
이전에, 그것이 뿌리내릴 토양이 이곳에 어떻게 존재하고
있는가, 그 참여의 구조를 누가 조직하고 있는가를 물어야
할 것이다. 사회적 형식이 공간적 형식과 운동의 형식도
결정한다. 무엇보다 새로운 시민적 가능성을 제작 문화에서
찾기에 우리에겐 만들기에 필수적인 진득한 시간의 흐름이란
것이 빈곤하다.

　　혁신에 대한 기대, 신경제에 대한 기대, 사회 문제 해결에
대한 기대, 새로운 공동체적 모델에 대한 기대, 이 모든
것을 제작 문화에서 찾는 시선은 사실 그 토대의 상이함에
비해 결과적으로 차이가 없다. 다른 접근처럼 보여도 결국
해결주의적 생각을 담고 있다는 면에서 서로가 무척 닮아
있는, 그래서 정보 기술 사회의 변화에 보수적인, 관제적
헤게모니 이상이 되기 어렵다. 제작이라는 수행성을 통해
이루어나가야 하는 것들은 이러한 언어의 앞선 배치 위에
사회적인 것들의 가치, 공공성의 깃발을 꽂는 데서 오는 것이
아니지 않을까.

　　제작 문화가 이러한 헤게모니적 토대 위에 구축되는
상황의 문제는 과학자이자 수학자인 엠마뉴엘 페랑이 2015년
언메이크 랩과 마련한 토크 '기후 위기와 제작 영웅'에서
잘 지적하기도 했다. 제작 기술 문화가 최근의 사회 문제,
특히 환경 문제와 관련해 해결주의적 도구로, 실제를
앞서는 과잉 주목의 대상이 되는 현실에 대해 지적했다.
그다지 실현 가능성이 없는 모험 자본과 그럴듯한 사회적

가치들의 각축장이 되어가는 현상들을 지적하며, 이 시대에 필요한 제작 문화와 기술이 무엇인지에 대한 생각의 환기를 주문했다. 이 질문이 우리 스스로에게도 되물어졌을 때, 우리는 어떤 대답을 할 수 있을까.

모두들 어느 순간부터 똑같은 가속의 플랫폼에 올라타고 있다는 걸 새삼 느끼는 당혹감, 뭔가를 하고 있다는 들썩거림은 여기저기에서 들려오는데 그 들썩거림은 정부 기금 소모식의 사업들, 정부 정책의 대리 시행사 역할의 '거버넌스'들, 사용할 수 있는 오픈 소스 하나 생산해내지 못하고 사회적 자본을 흡수하고 있는 제작 공간들 사이를 떠돈다. 거기다 한 문화에 대해 이상적 모델을 상정하는 언어적, 전략적 가치의 난무. 이러한 떠들썩함에서 정말로 제작 문화가 해결하고 구축해야 하는 것이 있다면 무엇일까. 바로 우리 자신에게 결여되어 있는 것, 연구하는 방법과 시민성의 문제, 기술공학적이든 사회공학적이든 바로 이 메커니즘에서 결여된 것들에 대해 보다 예민하게 해석해내고 견해를 묻는 실행을 하는 것, 그런 제작적 과정 자체이지 않을까.

비평가의 임무도 그런 것이다. 대개 비평가는 다른 곳에 소속된 이미지를 자신의 담론의 장 속에 소속시키면서 자신이 비평의 책무를 다했다고 믿는다. 그러나 과감히 제언하건대, 비평가의 임무는 소속시키는 것이 아니라 소속을 바꾸거나 잃게 하는 것이다.

이영준, 『이미지비평』,
「비평가의 망막에 비친 것」,
눈빛, 2004년, 12쪽.

강부원

에필로그: 한국 기계비평이 걸어온 길, 그리고 미래[1]

필연적이고 갑작스러운 기계비평의 출현

'기계비평'은 기계적인 지식이 아니다. '기계비평'이란 기계에 대한 사유를 비평적으로 확장하는 작업의 실천이자 산물이다. 기계비평은 기계의 물질성에서부터 시작해 인간과 기계가 맺는 관계까지를 살피는 총합적인 행위임은 물론 문학, 예술 같은 전통적인 비평의 영역을 넘어 이제 기계도 비평의 대상이 될 수 있다는 새로운 관점과 시도이기도 하다.

기계비평은 서구에서 발전한 '과학기술학'[2]과

---

[1] 이 글은 『대중서사연구』 제22권 제1호(2016)에 실린 필자의 글 「한국 '기계비평'의 역사와 현황 그리고 전망」을 수정 개고한 것이다.

[2] "과학기술학은 이른바 '과학기술운동'과 같은 것이 아니며, 과학기술자들이 종종 경계하듯 '과학기술의 발전에 제동을 걸겠다는' 목표 아래 움직이는 것도 아니다. 과학기술학의 목표는 현대사회를 구성하는 중요한 요소 중 하나로 과학기술을 파악하고, 궁극적으로는 과학과 기술을 함께 고려함으로써 사회를 총체적으로 이해하는 것이다. 현대사회에서 과학기술에 대해 이해하는 것과 사회에 대해 이해하는 것은 별개의 일이 아니다. 과학기술을 염두에 두지 않고는 현대사회를 온전히 이해할 수 없으며, 반대로 현대사회의 특징들을 감안하지 않고는 오늘날의 과학기술이 운영되는 방식도 이해할 수 없으므로 두 가지를 총체적으로 파악하는 것은 사실 시민들의 삶에 매우 중요한 문제일 수 있다." 김태호, 「과학기술에 대해 말하기를 두려워하는 시민에게 — 한국과학기술학회 『과학기술학의 세계: 과학기술과 사회를 이해하기』」, 창비주간논평, 2014년 10월 22일.

'기술사회학'의 비판적 의식을 계승한다. 이와 동시에 기계비평은 기존의 '과학기술학'이 정초한 사회적 개입에 의거한 기술 해석의 관점과 현실 변혁의 의지를 분유하고 있기도 하다. '과학기술학'이 '스트롱 프로그램(Strong Program)'[3]으로 대변되는 과학기술에 대한 사회철학적 문제의식을 바탕으로 기술에 대한 사회적 개입을 모색하고 그 연관을 심구하는 본격적 시도였다면, 기계비평은 기술의 응집이자 물질적 구현인 기계의 작용 및 결과, 그리고 또

---

[3] "'SSK(sociology of scientific knowledge, 과학지식의 사회학)', '과학의 사회적 구성론(social construction of science)', '사회구성주의(social constructionism, social constructivism)', '에딘버러 학파' 등 다양한 이름으로 불린다. 쿤, 콰인, 핸슨 등의 철학적, 역사적 주장은 1970년대와 80년대에 들어 데이비드 블루어, 배리 반스, 데이비드 에지, 도널드 매켄지, 스티븐 섀핀 등 에딘버러 대학의 과학학 프로그램 멤버와 해리 콜린스, 트레버 핀치 등에 의해 사회과학적인 명제로 정리되었다. 실험 데이터가 과학 이론을 충분히 결정하지 못한다는 콰인의 불충분결정 이론(underdetermine theory)은 사회적 이해관계가 실험 데이터와 결합해서 이론을 '충분히' 결정한다는 '사회적 결정론'으로 변형되었다. 이에 덧붙여 관찰의 이론 의존성은 과학이 객관적, 보편적이 아니라 주관적, 사회적임을 보이는 증거로 원용되고 쿤의 불가공약성은 과학에서의 서로 다른 주장들의 진위가 단지 상대적(relativistic)일 뿐이라는 극단적인 상대주의의 기초가 되었다. 데이비드 블루어는 과학 이론의 발달이 사회적 요소가 과학에 미친 영향에 의해 인과적으로 설명되어야 하고, 이 사회적 요소가 성공한 과학과 실패한 과학, 합리적인 과학과 비합리적인 과학을 모두 같은 방식으로 설명할 수 있어야 한다는 혁신적인 주장을 폈다." 홍성욱, 『생산력과 문화로서의 과학 기술』, 문학과지성사, 1999년, 22~23쪽.

그와 총체적으로 연관되어 있는 기술적 대상들에 대한
해석과 정치문화적(인문종합적) 절합을 시도한 실천적
작업인 셈이다. 기계비평은 '문(文)'과 '이(理)'의 계열을
분리하는 제도화된 지적 전통에 충격을 가하는 방식으로
'과학'과 '철학' 혹은 '기술'과 '역사' 사이의 분리된 틈 사이에
아교질(阿膠質)을 공급하고 또 그 융합과 복합의 가교 역할을
자처하기도 한다.

하지만 오늘날 점차 한국에서 활기를 띠고 있는
기계비평의 담론 생산은 갑작스럽고 뜬금없다는 인상을
주는 것도 사실이다. 기계 환경에 둘러싸여 살아가고 있는
현대인들에게 기계는 이미 공기와도 같은 존재여서 생활을
영위하는 데 필수적 요소임에도 그것들에 대한 비판적
사고를 작동시키기에는 불요불급한 대상들처럼 여겨져왔기
때문이다. '기계적 환경의 자연화'는 근대 이후 인간의
처지와 실존 배경을 설명하는 가장 유력한 명제여서 오히려
우리를 먹이고, 입히며, 살게 내버려두고 때로는 죽게 만드는
이 기계들에 대한 해석은 늘 유보되거나 지연되어왔다.
즉, 기계에 관한 지식들이 해방되지 못한 채 비밀스러운
형태로 은폐되고 때로는 '제원'이나 '매뉴얼'의 형태로만
압착되었던 이유는 기계를 장악한 국가와 자본에 의한
의도적인 결과이기도 하거니와 한편으로는 기계에 대해 알지
못하면서도 기기 사용에 지장을 초래하지 않는 것을 '편리'로
느끼는 사용자 환경이 갖추어졌기 때문이기도 하다. 기술의
발전과 기계 지식의 이해가 상호 연동되지 않고도 사용자에게
그 쓸모와 가치를 충분히 누리고 있다는 착각이 들게 하는
가속화된 기술 발전이 마치 '만능'이거나 '스마트'한 것인 양
되어버렸다.

즉, 기계비평은 아직 관습으로 완전하게 정립되지 않은
비평의 형식이자 방법론이며 실험과 모색을 통해 시나브로
만들어지고 있는 개념이다. 한국 기계비평은 예술비평사에서
'초현실주의'나 '다다이즘'이 등장했던 전례처럼 갑작스럽게
보이지만 그러한 유파나 사조의 형식으로서만 돌연 출현한

것은 아니다. 기계비평의 등장은 완전하지만은 않지만 구조기능주의적인 관점에서 대략적으로 설명할 수 있다. 현대 사회의 조직 원리와 하부구조의 작동 양상을 조직적으로 관찰해보자면 기계야말로 현대사회의 필수불가결한 생존 배경이다. 맥루한이 미디어에 대해 설명한 것처럼 기계 역시 신체의 일부이자 연장이기도 하다. 인간의 삶과 기술 간의 떼려야 뗄 수 없는 관계를 설명할 때 그 관계의 내부적 핵심 고리로서 '기계'의 위상과 의미에 대한 해석을 더 이상 미뤄둘 수 없는 상황에 다다른 때에 비로소 기계비평은 나타나게 됐다.

한편 기계비평은 자본주의 체제하에서 이른바 가속화된 기술 발전을 종용하는 지배 이데올로기에 맞서는 대항 담론과 그 지적 투쟁의 과정에서 제출된 운동과 실천의 한 양식이기도 하다. 한국은 성장 동력의 엔진을 중단 없이 가동하는 것을 제일의 가치로 내세우는 성장 모델의 서사를 대내외적 표상으로 내세우는 국가이다. 한국의 경제개발 역사를 되짚어보건대 발전주의 이데올로기와 신자유주의의 무차별적 확산 과정에서 일궈온 기술의 비정상적 발전 양상이나 모순은 그다지 짐작하기 어려운 일만은 아니다. 지배와 통치의 메커니즘은 국가주의적이며 동시에 자본주의적인 기계의 개발과 운용만을 부추겨왔다. 기술만능주의의 비정상적 활개와 테크놀로지 숭배 분위기가 사회 전반을 장악하면서도 역설적으로 기술은 점차 '사회적인 것'과 유리되며 소외돼왔다.

기계비평은 시의적실한 필요성에 의해 출현했음에도 불구하고 전제했다시피 아직까지 학문장의 공인된 영역으로 간주되기 어려운 측면이 여전히 있다. 또한 오늘날 한국의 기계비평이 기계(機械)를 탐(耽)하거나 기계에 취(趣)한 마니악(maniac)한 소수의 비평가에 의해서만 선도되고 있는 사실도 부인하기 어렵다. 이들은 기계의 작동 원리나 결합, 분해 등에 관한 기술적 관심보다 기계의 원천적 의미와 그 종합적 효과를 탐색하길 선호한다. 더구나 기계비평을 수행하는 사람들은 전문적인 공학 지식이나 물리 지식을 갖춘 사람들이 아니다. 오히려 이(理) 방면의 지식과는 전혀 무관해 보이는 예술 및 철학, 문학 등의 학문을 기초 자원으로 삼고 있는 기계학의 방외인이기도 하다. 그래서 이들은 기계에 대한 공학적 지식을 설명하기보다는 기계의 표상에 대한 연구를 지속하거나 역사 속의 기계, 인간과 기계 등의 관계를 망라해가며 근대성 비판의 새로운 장을 열거나 현대의 정치와 사회를 기계를 통해 환유하는 전략을 택하기도 한다.

기계비평이 기존 학문의 체계와 질서를 전환하는 매개가 되기에는 아직 불충분하게 보임에도 어느새 각 대학과 분과 학문의 제도 내부로 점차 진입하고 있는 것은 의미심장한 일이다. 하지만 강의 혹은 논문으로 실제 실현되고 있는 기계비평의 양상은 여전히 엉성하고, 갈피를 잡지 못하고 있기도 하다. 여전히 '문화연구'와 '기계비평'의 차이를 억지로 구분하려 하거나 그마저 혼동하는 경향이 강하고, 기계적 지식이 결핍된 인문사회학자들이 기계를 해석하겠다는 시도 자체를 마뜩찮아 하거나 실소하는 과학기술 학계의 배타적인 태도도 여기저기서 발견된다.

앞서 지적한 대로 기계비평은 문화연구와 쉽게 구별하기 어려울 정도로 공통된 목표를 지향하며 거시적인 방법론을 공유한다. 이 같은 이유로 사람들은 기계비평을 문화연구의 흐름을 이어받은 양자(養子)나 서자(庶子)쯤으로 받아들이기도 한다. 실제로 기계비평의 연구자들이 대부분 문화연구의 세례 속에서 성장한 세대들이기도 하거니와 문화연구의 토대 위에서 자신의 새로운 정체성을 탐색하는 연구자들이기도 하다. 더해 기계비평과 문화연구의 목표와 방법론이 손쉽게 유비되는 근본적인 이유는 총합적인 인문학 연구와 실천에 대한 목표가 동일하기 때문이다. 실제로 1990년대 이후 한국 인문-사회학의 풍토를 다변화하는 계기가 되었던 문화연구의 지층은 이미 인문학 연구 저변에 넓고 깊게 자리 잡았다.

기계비평과 문화연구는 ① 근대성에 대한 이해 및 비판적 입장뿐만 아니라 실천적 변화에 대한 기대를 담고

있다는 점에서, ② 모더니티의 수용과 극복이라는 이중
과제를 모두 겸하고 있다는 점에서, ③ 공동체 내부의 법과
제도의 위력과 구성원들의 긴박과 통제 양상을 다룬다는
점에서 ④ 궁극적으로 통합된 앎에 대한 기대와 요청이라는
점에서 담론적 지대를 공유한다. 기계에 대한 해석과 비평이
⑤ 사회문화적인 중층성을 띠고 이루어지며 ⑥ '모던'과
'반(反)모던'의 경합을 모두 반영한다는 점에서도 일치된
맥락을 보여주기도 한다. 게다가 ⑦ 연구 방법에 있어서도
현대사회를 구성하는 물적 토대의 구체적 대상에 대한
지목으로 시작해 그 메커니즘과 시스템의 근원에 대한 탐색과
성찰로 마무리하고 있다는 점에서도 그러하다.

문화연구의 자장에서 성장한 기계비평이 새롭게 보여준
진전도 있다. 문화연구는 일반적으로 풍속 혹은 일상의
차원에서 환기될 수 있는 경험과 반복에 대한 역사적 검토를
통해 그 문화적 경향들의 기원 및 변화 양상을 해명하고
공동체와 구성원의 삶의 지평을 문화적 '인덱스'로 확장하거나
이데올로기적으로 분류해 보편적 양상들과 특수한 경험들을
구별해낸다. 여기서 더 나아가 기계비평은 마니악한 지적
탐구의 기초 위에서 좁고 깊은 듯 보이지만 한편으로 매우
넓거나 얕기도 한 기계들의 배경, 위상 그리고 의미에 대해
좀 더 즉물적으로 천착한다. 또한 기계 환경의 차이에 따라
다르게 적용되는 개인들의 기술 추체험과 기계 경험 사이를
좀 더 명확하게 구분하기도 한다. 기계 체험의 차이에 따라
습득하거나 깨치게 되는 기술적 지식과 그 지식의 사용,
그리고 현대사회의 생산과 소비의 관계뿐만 아니라 지배와
통치의 양상이 어떤 체계와 원리로 작동하고 있는지를
테크놀로지의 차원에서 이해하는 데 도움을 주려는 것이 바로
기계비평의 임무이다.

문화연구가 문화적 실천 의지를 충만하게 하는 개인과
공동체의 정치적 자원들에 대한 해석에 집중해 사회의
'변혁'(≒혁명)을 추동한다면, 기계비평은 인간을 초과하는
기술적 역능에 대한 열망과 공포를 통해 인간 이후("포스트

휴먼")의 상상으로까지 육박한다는 점에서 '변혁'을 넘어서는 '해체'와 '탈주'까지를 지향한다.[4] 물론 그 '해체'는 근대성에 대한 전면적 재구성의 기획을 포함하는 것이며 '탈주' 역시 개인의 정치적 해방은 물론 자본과 국가 너머의 '공통체'에 대한 모색과도 맞닿아 있다.[5] 즉, 문화연구와 기계비평의 관계는 반드시 구별되어야 할 성질의 것이 아니라 상호 영향 관계 속에서 서로를 보족할 수 있는 연구 방법론으로 보는 편이 타당할 것이다.

기계비평은 물질과 현상 간의 관계를 보다 직접적으로 해명하려는 기술 시대의 진지한 비평적 노력의 일환으로 제시되고 있다. 기술 환경의 급속한 발달을 몸소 경험하고, 지적 충동을 발전시켜온 후세대 비평가들의 노력은 기계비평을 끊임없이 연속하고 확장한다. 기계비평은 지식의 '계(界)'와 '장(場)' 사이의 구별이 엄격했던 제도화된 지적 전통을 거부하는 별종의 분자들에 의해 새롭게 시도되는 '기술인간학'이자 '종합 인문사회학'이기도 한 셈이다. 또한 기계비평은 분과 학문 체계의 교류와 타협의 결과로만 국한돼 이해되는 방식을 지양하며, 더 나아가 정책적 개입에 의해 느슨하게 실현되고 있는 '융합'과 '통섭'의 한계마저 극복하는 해체적 지식으로 등장하고 있다는 점을 반드시 주목해야 할 것이다.

과학기술학과 기계비평 발전의 간추린 역사

기술 낙관론과 기술 객관주의를 신봉하는 사람들에게 기계란 인간의 도덕적-윤리적, 외재적-사회적 선택과는 상관없이 중립적인 대상일 뿐이다. 하지만 현대사회에서 기계는 이미

---

4   김재희, 「포스트휴먼 사회를 상상하기 위한 하나의 청사진: 질베르 시몽동의 기술-정치학」, 『범한철학』, 제72집, 2014년.

5   안토니오 네그리, 마이클 하트, 『공통체: 자본과 국가 너머의 세상』, 정남영, 윤영광 옮김, 사월의책, 2014년.

사회의 가치를 권위적으로 분배하는 도구로 기능하며, 계급 차별과 정치 소외를 발생시키는 장치이기도 하다. 소비 자본주의의 시대에 형성된 관념과 사회적 조건에 의해 기계와 기술은 끊임없이 객관성을 의심받으며, 사용가치를 재정의해야 하는 처지에 놓이게 되었다. 이 같은 기계와 기술을 향한 변화하는 관점과 시각이 이제까지 우리가 믿어온 기술 중립성이라는 신화를 깨뜨리는 자원이 되었다.

'기술의 중립성'이라는 절대 진리가 붕괴된 뒤, '탁하면서'도 '불순한' 기술의 본질을 드러내는 계기가 마련되었다. 과학기술학은 사실상 이러한 불온한 토대 위에서 시작됐다. 기술에 내재하는 중층적 맥락들에 대한 치밀한 연구는 바로 기술 내부에 웅크린 불순함의 동기를 찾아내는 작업인 것이다. 과학사회학(SSK)과 '스트롱 프로그램'이 순수과학자와 철학자들 모두에게 사이비라는 공격을 받았음에도 불구하고 과학은 정치나 법률처럼 인간의 서로 다른 이해의 타협의 산물이라는 주장을 철회하지 않은 것은 바로 이 때문이다.

이와 같은 과학기술학의 비판적 담론은 기계비평의 이론적 자양분이 되었다. 한국에서 서구의 과학기술학 논쟁사를 소개한 대표적인 학자는 홍성욱이다. 홍성욱은 일찍이 과학과 인문학의 접점을 마련하고 그 공유 지대를 넓혀온 국내의 대표적인 과학사가이기도 하다. 그는 '융합'과 '복합'이 제도와 수사의 언어로 도착하거나 유행하기 전부터 한국 사회에서 과학철학 분야를 개척한 선두주자였다.

홍성욱은 『생산력과 문화로서의 과학 기술』(1999)을 통해 "과학전쟁(Science War)"에 대해 설명한다. 1990년대를 통해 북미와 유럽, 그리고 한국의 과학자와 인문학자 사이에서 화제와 심각한 논쟁의 대상이었다. "소칼의 지적 사기(Sokal's Hoax)"로 대표되는 과학전쟁이 주로 과학자와 인문학자들 사이에 진행되었기에, 많은 지식인들은 이것이 C. P. 스노우가 30년 전에 이미 지적한 과학과 인문학의 "두 문화(Two Cultures)" 사이의 간극을 넓힐 뿐만 아니라, 이

관계를 적대적인 것으로 만들 수 있다고 우려하기도 했다고 설명한다. 스노우가 언급한 '두 문화'란 1959년 캠브리지 대학의 강연에서 제기한 문제인데 여기에는 과학과 인문학 사이의 심각한 단절과 불신의 혐의가 짙게 배어 있다. 예를 들면 "인문학자 중에 열역학 제2법칙을 설명할 수 있는 사람이 거의 없는데 그것은 과학자가 셰익스피어를 읽지 않는 것과 마찬가지"라는 설명에서 보듯 서로의 영역에 대한 이해가 전무하며 교섭과 협력에의 의지가 없는 과학과 인문학의 관계에 대한 비판을 담고 있다.[6]

이에 대해 홍성욱은 다음과 같이 지적한다. 스노우가 '두 문화'의 문제를 제기했던 시기와 달리 물리학과 문학은 더 이상 학문의 여왕 자리를 놓고 경쟁하는 후보가 아니다. 인문학과 이공계의 위기에는 다양한 원인이 있겠지만 두 분야가 모두 자신의 틀 안에서 안주했기 때문에 발생한 현상으로도 풀이할 수 있다. 순수학문으로서 가치가 있고 지원을 받아야 한다는 소극적 논리를 넘어 과학과 인문학의 결합을 통해 새로운 차원의 효용을 보여주는 것이 긴요한 시점이다.[7]

송성수는 한국에서 인문학과 과학의 결합 및 화해를 촉구하는 '과학기술학(science and technology studies, STS)'이라는 학문을 도입하고 제도화한 과학 연구자이다. 현대사회가 과학기술의 시대라고 불리듯이, 과학기술을 고려하지 않고서는 많은 사회적 현상이나 담론을 충분히 이해할 수 없다는 전제하에서 과학기술학은 사회 속의 과학기술을 찾고, 과학기술 속의 사회를 찾는 역할을 담당한다. 즉, 사회를 논의할 때에는 과학기술을, 과학기술을 논의할 때에는 사회를 필수적으로 고려해야 한다는

---

6   C. P. 스노우, 『두 문화』, 오영환 옮김, 사이언스북스, 2001년, 10쪽.

7   홍성욱, 「인문학적 사유의 창조성과 실용성」, 『동향과 전망』 제44호, 2000년, 212~231쪽.

주장이다. 더 나아가 한국 기초 교육의 독특한 학적 제도인
인문사회계와 이공계의 분리 전통의 폐해를 지적하며 문-이의
통섭(統攝, consilience)을 강조하였다.[8]

홍성욱과 송성수 등이 선구적으로 소개하고 제기한
'과학사회학'과 '과학기술학'의 필요성은 1980년대부터 서서히
담론화되기 시작했으며 1990년부터 본격적으로 논의되기
시작했다. 여러 대학과 기관에서 '과학사'와 '과학학' 강의
및 과정이 개설되고, 이공계 전공자들의 글쓰기 교육이
활성화되는 동시에, 인문학 전공자들에게도 기초과학이
교양으로 제공되기 시작했다.

포항공대, 서울대, 한양대 등이 1980~90년대부터
본격적으로 과학기술학 관련 프로그램을 운영하게 되었다.
포항공대는 1992년도부터 '문학적 글쓰기', '철학적 글쓰기',
'과학적 글쓰기' 중 하나를 필수로 이수해야 했으며, 서울대의
경우에도 1990년대 말부터 '사회과학 글쓰기', '인문학 글쓰기',
'과학과 기술 글쓰기' 등의 수업을 운영하고 있다. 이외에도
과학기술에 대한 인문사회과학적 접근을 지향하는 교과목의
개설도 활발해지고 있다. 예를 들어 한양대는 '과학기술의
철학적 이해'라는 통합 교과적 과목을 이공계 학생의 교양
필수 과목으로 운영하고 있다. 또한 공학교육인증제의
일환으로 '공학소양교육'이 강조되면서 공학 기술과 역사,
사회, 윤리, 경제, 경영, 정책, 의사소통 등을 포함한 교재
개발과 강좌 개설이 이어지고 있다.

1990년대 중반에 접어들며 교과목 개설 수준을 넘어서
대학에 과학사와 과학기술학 과정이 개설되기 시작했다.
과학기술학의 본격적인 제도적 안착이 실시된 것이다. 서울대
과학사 및 과학철학 협동과정, 전북대 과학학과(학부), 고려대
과학기술학 협동과정, 중앙대 과학학과 협동과정, 부산대
과학기술학 협동과정, 서강대 과학커뮤니케이션 협동과정,

---

8   송성수 외, 『과학기술과 인문사회 연계확대 정책방안』,
     한국과학기술학회, 2007년.

KAIST 과학기술학 협동과정이 생겨났다.[9]

　　이처럼 한국에도 과학기술과 인문사회의 대화 및 교섭을 촉진하려는 노력이 다양한 계기를 통해 마련되고 있지만 아직까지도 초보적인 단계에 있는 것으로 판단된다. 2000년대에 접어들어서도 과학기술과 인문사회의 연계를 위한 노력은 대부분 교육 제도의 차원에 한정되어 있었으며, 이에 대한 본격적인 연구와 비평은 병행되지 못하는 처지였다. 또한 과학기술과 인문사회를 아우르는 연구에 대한 공공 부문의 지원이 과학기술 정책, 기술 경제, 기술 경영 등과 같은 실용적인 분야에 초점을 맞추고 있으며, 과학기술에 대한 인문학적 탐구는 상대적으로 발전하지 못한 경향을 보이고 있다. 이와 함께 이공계 출신의 학자 혹은 연구자가 인문사회학을 접목시키기 위해 노력하는 경우는 상대적으로 많이 발견되는 데 비해 인문사회계의 배경을 가진 학자 혹은 연구자가 과학과 기술에 대해 본격적으로 논의하는 경우는 미진하다고 할 수 있다.

　　무르익었다고도 혹은 척박하다고도 할 수 있는 이와 같은 환경에서 2000년대 중반 '기계비평'은 본격적으로 시작되었다. 이때 가장 큰 역할을 한 비평가가 바로 이영준이다. 이영준은 실상 '기계비평'이라는 명명을 한국에서 최초로 사용하고 개념을 정립한 비평가이다. 또한 현재까지 한국에서 전문적인 기계비평가라 불릴 수 있는 사람은 이영준이 유일하다시피 한 형편이기도 하다. 사진 이론 연구 및 이미지 비평을 통해 단련된 이영준의 비평적 역량이 기계를 만나면서 폭발하게 되었다. 기계를 향한 그의 오랜 동경과 관찰벽(癖)이 편집증적 취미가 되고, 더 발전해 비평으로 승화한 셈이다.

　　그의 성취는 기념비적인 저작『기계비평』(2006)을 통해 공개되었다. 이 책은 기계에 대한 인문학적이면서도 미학적인 접근을 보여준다. 아무도 관심이 없거나, 도무지 알

9　　송성수, 「과학기술과 인문학의 공생을 위하여」, 『과학기술정책』, 158호, 2006년, 10~12쪽.

방도가 없었던 기관차와 선박, 항공기 등의 구동 메커니즘과 그 기계들의 속도와 규모의 테크놀로지가 인간의 지각을 교묘하게 지배하게 되는 역학에 대한 해석을 보여주었다. 기계비평의 개념과 관점을 정초한 이후 이영준은 인간이 만든 가장 거대한 기계 중의 하나인 컨테이너선을 타고 한 달간 대양을 횡단하며, 괴물 같은 힘을 내는 10만 마력의 엔진과 그 기계 안에서 발생하는 노동, 그리고 자연으로서 바다를 극복하는 인간의 투쟁 등을 기록한『페가서스 10000마일』(2012)이라는 노작을 남기기도 했다. 그는 기계의 외형과 엔진 내부의 모습에 매혹을 느끼는 것은 물론 기계가 지닌 원천적 힘에 압도되는 전형적인 '기계 오타쿠'이기도 하다. 하지만 그는 기계의 소음은 물론 기계의 주변을 가득 메우고 있는 인간의 노동뿐만 아니라 기계가 환유하는 모든 사회관계와 정치 질서를 체험과 비평적 직관 양측에 모두 기대어 비평하고 있다.

　　이영준은 일상적이면서도 소박한 기계인 선풍기, 전화기, 타자기 같은 기계에도 관심을 두지만 그가 더 주목하는 것은 실상 항공기와 기차, 골리앗 크레인, 컨테이너선과 같은 거대 기계들이다. 그의 기계비평은 근대 초기부터 대중들의 시각장과 시각 세계를 장악하고 있던 빠르고 강한 힘을 가지고 있는 기차와 비행기, 선박과 같은 커다란 기계의 맥락과 의미를 해명하는 작업에서 시작되었다고 보아도 무방하다. 거대 기계들의 출현과 발달이 근대 과학기술의 획기적 진전에 기여한 역사적 맥락에 대한 이해에서 출발해 그것의 정치적 문화적 상관관계로까지 육박해 들어가는 비평 작업이 기계비평의 기초를 이루고 있다.

　　이영준의 등장은 인문 예술적 토대를 바탕으로 삼고 있는 비평가가 기술의 영역으로 본격 진입한 보기 드문 사례였다. 물론 스스로가 자주 언급하다시피 그가 이해하고 있는 공학적 지식의 수준은 공학 전문가에 미치지 못하기 때문에 기계학과 물리학의 이론적 접근에 매진하기보다 기계를 바라보고 이해하는 역사와 사회 문화적 차원의 사용 경험을 강조한다.

하지만 그는 기계가 근대성의 정밀한 아카이브이자 엄청난 지식의 지층이라는 것을 누구보다 잘 알고 있다. 또한 그간 은폐돼왔던 기계에 대한 지식은 전혀 새로운 형태의 지식일 수밖에 없기 때문에 그가 기계비평을 통해 드러내는 기계에 대한 지식들은 참신해 보이기까지 하다.

'비평'이라는 예술 영역에서 주조된 선험적 장르의 관습 속에서 기계에 대한 비평으로 이어지는 대전환의 작업이 엄청난 듯 보이지만 과연 이 비평 행위가 어떤 성취를 보여주었는지에 대해서는 불분명한 요소들이 없지는 않다. 책에서 저자가 기계비평의 임무와 최종 목적을 '기계 계보학'의 정립에 두고 있다는 사실은 그의 '기계비평'이 한편으로는 문화론적 연구 방법론에 강하게 기대고 있음을 방증하기도 한다. 또 '비평'이라는 고유한 형식이 기계를 해석하는 데 어떤 기능을 수행하는지, 또 그 비평 행위 자체의 유기적이고 자동적인 기계성에 대해서는 미학적 판단을 유보할 수밖에 없다.

그렇기에 그는 스스로 몸과 기계가 마주하는 경험과 접촉을 중요시하며 기존에 기계를 둘러싼 요인들만을 강조하는 맥락주의를 넘어서 또 다른 관점의 확립에 주력한다. '기계-주체-맥락'의 3항의 종합적 인과를 포괄적으로 제시하는 등 기계야말로 우리의 '실존 배경'이며 '정치 현실'이라는 당연한 사실을 적극적으로 표명한다. 비평의 고유의 형식 미학을 통해 정치성을 획득하는 것이 아니라 기계와 정치를 직접 유비하는 방식으로 미학을 생성시킨다.

이후 이영준이 직간접적으로 개입한 기계비평의 결과물들이 적지 않게 제출되었다. 『욕망하는 테크놀로지』 (2009), 『과학기술과 문화예술』(2010)을 비롯해 『불순한 테크놀로지』(2014) 등이 본격적인 기계비평 서적으로 분류될 만하다. 이영준은 『기계비평』의 성과와 한계를 『이미지비평』 (2008), 『페가서스 10000마일』, 『기계산책자』(2012), 『조춘만의 중공업』(공저, 2014), 『시민을 위한 테크놀로지 가이드』(공저, 2016)를 통해 연속하거나 보충하기도 했다.

또한 두 번의 과학 퍼포먼스 행위를 통해 기술과 예술과
비평의 불완전한 동거 실험을 날것의 형태로 관객과
독자들에게 그대로 보여주며 기계비평의 현재를 그대로
노출시키는 모험을 감행했다. 백남준의 '미디어아트'
퍼포먼스를 연상시키는 이영준의 기행은 기실 기계비평의
주체화와 대중화를 향한 적극적인 모색이기도 하다.[10]

　　이영준이 시도한 기계비평은 글쓰기와 비평, 인문학과
기술학 사이의 관계를 전면적으로 되돌아보게 만든 새로운
비평의 획기적 시작을 알리는 서장이었다. 그의 연속된
작업에 대한 후속 결과로 2000년대 중반부터 그의 선구적
비평 작업에 동의하거나 그 의의를 좇는 연구자들의 후속
연구와 성과들이 이어졌다.

　　임태훈의 연속된 미디어 관련 저작이 대표적이다. 그의
『우애의 미디올로지』(2012)와 『검색되지 않을 자유』(2014)
그리고 『시민을 위한 테크놀로지 가이드』(공저, 2016)는
첨단의 뉴미디어와 인터넷과 같은 사이버 세계에 대한
본격적인 기계비평에 해당하는 성취이다. 임태훈이 미디어를

10　　'조용한 글쓰기'와 '라면 앙상블' 퍼포먼스가 그것이다.
　　　"'조용한 글쓰기'는 아무런 세팅도 없는 공연장에 테이블을
　　　놓고 컴퓨터 앞에서 비평문을 쓰는 퍼포먼스"였다.
　　　관객들은 비평가의 생각이 어떻게 글로 표현되는지를
　　　지켜볼 수 있었다. "'라면 앙상블'은 과학이 실험실이나
　　　연구실 안에서만 수행되는 것이 아니라 대중들 앞에서
　　　쇼의 형태로 수행된다는 사실에 착안한" 퍼포먼스이다.
　　　"라면은 가장 보편적 음식이면서 가장 과학적으로 접근하기
　　　어려운 음식이다. 비평가와 과학자와 예술가라는 각기 다른
　　　주체의 입장에서 라면의 소비가 어떻게 이뤄지는지에 대한
　　　이해와 접근을 통해 라면의 일상적 의미와 과학적 의미를
　　　동시에 탐색하는 퍼포먼스였다." 이영준, 「지식의 한 형태인
　　　기계비평의 위상에 대한 생각」, 『불순한 테크놀로지』, 논형,
　　　2014년, 155~162쪽.

바라보는 관점은 철저하게 기술 환경의 변화와 그 정치문화적 격변 과정을 추적하는 맥락과 일치한다. 그는 기술을 이해하는 비평적 안목과 기술과학의 전망 사이에서 길어 올린 매개적 양상들의 풍부한 사례를 제시한다. 그의 비평적 사유는 유토피아와 디스토피아를 종횡무진하며 기술과 매체에 대한 전망을 사회적 비전의 차원으로 확대한다. 임태훈은 첨단 미디어를 통해 훈련된 비평적 글쓰기의 감각을 통해 미디어의 '매개성'과 자본의 '동역학'에 대한 관심을 적극 표명한다. 결국 '불순한' 기술과 그것을 향한 비평 행위가 변화시킬 수 있는 대중들의 삶의 궤도와 행로에 공히 주목한다는 점에서 그의 작업은 기꺼이 또 다른 새로운 기계비평으로 호명될 수 있을 것이다.

  이외에 오영진도 기계비평의 자장 속에 있는 후발 주자로 꼽을 수 있다. 오영진은 기계들의 속도가 발생시키는 소멸의 미학에 주목해 인간의 속도를 향한 근원적 열망이 '파시즘'과 '혁명'으로 실현될 수 있음을 주장하였다. 놀라운 속도를 간직한 기계들의 전시는 근대 국가의 통치술 중의 하나인 극장 정치를 구성하는 기제이며, 그것이 발생시키는 정치 미학이 국가의 지배와 통치의 근간을 지탱한다는 점을 예리하게 지적하고 있다.[11] 강부원은 기계의 표상이 작동시키는 정치적 후과에 주목한다. 그는 제국의 전쟁 기계, 그중에서도 '비행기' 표상을 통해 국가의 지배와 통치가 어떤 메커니즘으로 작동되는지를 연구한다. 또한 기계의 필수적인 부속품과 같은 '매뉴얼'에 기록되어 있는 서사가 '금지'와

11　오영진, 「질주의 코기토, 폴 비릴리오의 사상에 대하여」, 한양대 미래문화연구소, 2009년; '소멸의 속도와 자유의 속도'(한양대 에리카 융복합 프로젝트 '기계비평'); 「교양교육으로서 기계비평의 가능성」, 『쿨투라』, 2015년 가을호; '스토리텔링 도구의 최종 진화: 만년필·타자기·게임엔진'(성균관대 학부교육선진화사업[ACE] '기계비평론').

'명령'의 형태로 기술되어 있으며 그것이 국가와 자본의 기술 독점-기계 지배의 한 양상을 드러내는 사실에 대한 비판을 통해 "오염된 기계" 표상을 통한 기술 지배와 극장 정치의 맥락을 분석한다. 그런데 여기서 주목할 것은 임태훈, 오영진 모두 국문학을 전공한 연구자들이라는 사실이다. 이영준의 기계비평을 국문학 연구자들이 이어받는다는 사실은 시선을 끈다. 1990년대 이후 한국 '문화론적 연구'의 자장을 확대하는 데 가장 큰 기여를 한 분과 학문의 근거지가 바로 국문학(과)이었으며,[12] 그 속도와 깊이는 다른 출신자들을 압도한다. 분과 학문으로서의 정상성과 정체성을 가장 강한 전통으로 보전해온 '국(國)/문학(文學)' 제도와 역사에 비춰보면 이와 같은 반동은 매우 특이한 것임에 틀림없다. 국문학의 자장 안에서 그 출신으로서 통섭과 융합을 지향하려는 외력을 강하게 작동할수록 그 내-외부의 질서와 견제의 반작용 역시 만만치 않았다. 그럼에도 '문화론적 연구'를 굳건히 수행한 반골(?)들의 투쟁과 실천의 노력들은 90년대 이후 문화연구의 자연스러운 흐름을 창출해낸 자원이 되었다. 위에서 언급한 기계비평의 적자들은 거의 모두 그러한 문화론적 연구의 세례 속에서 성장한 세대들이며 그 충만한 자원을 또 다른 차원의 실천으로 수행하고 있는 셈이다.

또한 기계비평의 아이디어는 일정 부분 제도화의 방식으로 구현되고 있기도 하다. 2015년 1학기 한양대 에리카 캠퍼스에서는 '기계비평'이라는 이름의 강의가 국내 최초로

---

[12] "오늘날 국어국문학과 소속(?)의 연구자들은 원래의 영역을 넘어, 문화사와 미디어·사상사 연구 영역에서 활동하고 있으며 영화(사) 연구나 영화 비평에서도 활약한다. 이런 활약은 분명 전체 한국 인문학계에 중요한 자극이자 자원이 되고 있다. 이에는 여러 가지 사회문화적 배경이 있을 것이나, 무엇보다 한국 인문학의 위상 변화와 지식의 '배치' 변화를 환기하지 않을 수 없다." 천정환, 「문화론적 연구'의 현실 인식과 전망」, 『상허학보』, 19호, 2009년, 13쪽.

개설되었다. 인문-자연-예체능 계열을 모두 망라해 전공이 각기 다른 300명이 넘는 대단위 수강생이 신청한 이 강좌는 언론과 매체의 집중 조명을 받았다. 이 과목이 개설될 수 있었던 이유는 기계비평의 선편을 쥐고 있던 이영준의 선행 작업들과 임태훈, 오영진을 비롯한 젊은 비평가들의 노력이 축적되고, 대학 밖에서 시행되었던 '오덕인문학'과 같은 실험적 강좌의 경험과 결합되었기 때문이다.

> 우리는 기계를 사용하는 것이 아니라 기계 속에 살고 있다. 기계는 단순 도구가 아니라 인간의 신체에 육박하는 인공 보철물로서 작동하며, 인간의 의식과 인성을 근본적인 차원에서부터 바꾸고 있다. 여기서 내가 태어나기 전부터 기계는 있었다는 이른바 기계의 선험성이 성립한다. 이런 의미에서 기계들을 고찰하고 비판하는 작업은 시·공간을 성찰하는 작업과 다른 것이 아니다. 그동안 기계를 오로지 그 즉각적인 사용가치를 검토하는 방향(오류와 효용성 점검)으로만 비판했다면 이 강의에서는 기계를 사용하면서 변경된 우리의 실제 삶과 의식을 성찰하는 훈련을 꾀한다. 이 강좌에서는 각기 버스, 기차, 화물선, 사진기, 라디오, 복사기, 인터넷, CCTV, 항공모함, 미사일 등의 기계들을 치밀하게 분석해본다. ―2015년 1학기 한양대 에리카 캠퍼스 '기계비평' 강의계획서 강좌 소개 중에서

이후 한양대 에리카 캠퍼스에는 '기계비평'이라는 동일한 강좌명의 강의가 상시적으로 개설돼 운영되고 있다. 각고의 노력 끝에 실험적인 융복합 과목으로 선정된 기계비평은 대학의 제도 내부에서 새로운 내용과 형식의 실험적 교과목으로 개설되었다는 데 의의가 있다. 한양대 에리카 캠퍼스에 이어 2015년 2학기에 성균관대에서는 '학부교육선진화사업(ACE)'의 일환으로 '기계비평론: 기술의 인간학'이란 강의가 개설돼 2016년까지 두 학기 연속으로

시행되었다. "균형 교양"을 추구한다는 목표로 "인간/문화의 이해" 영역으로 분류된 3학점 교양강의이다. '기계비평론'의 목표는 "학생의 소속 전공에 대한 이해에 기반하여, 기술문명과 인간 삶에 대한 총체적 이해를 도모"하며 "테크놀로지의 문법으로부터 시도되는 테크놀로지 비평을 통해 기술문명에 관한 비평적 반성과 인문학적 전망"을 확보하는 것이다. 또한 "기술문명과 인간 삶에 대한 이해"를 바탕으로 "기술 그 자체의 원리와 인간 삶에의 기여와 위험을 비평적 언어로서 논리화, 체계화, 문자화"하는 것을 지향한다.

한편 2017년 현재를 기준으로 인하대학교와 부산대학교 등이 기계비평을 정규 교과목으로 도입하려고 준비 중이며, 대학 밖에서는 경기문화재단을 비롯해 경향후마니타스연구소 등에서 시민들을 위한 '기계비평' 강좌를 시행하기 위한 검토를 하고 있다.

이후 기계비평은 '게임사회학'과 같은 강좌로 외형과 내용을 변화시켜 또 다른 첨단 기술 사회학으로 변형 발전하는 모습을 보여주기도 한다. 실제로 2015년에는 '게임사회학 1.0: 헬조선에서 게임을 읽다'라는 강좌와 '게임사회학 2.0: 이것은 게임이 아니다' 강좌가 인문학협동조합과 푸른역사아카데미, 서울과학기술대 IT정책전문대학원 주도로 열렸다. 이 성과 역시 2016년 2학기 성균관대학교 '게임과 인문학'이라는 정규 강좌 개설로 이어졌다.

대학의 교양과목 개설과는 별도로 기계비평이 학술 사회로 진입하는 성과도 이어졌다. 2015년 10월 17일 성균관대에서는 '기계비평의 도전'이란 제목으로 한국 학계에서는 처음으로 기계비평을 주제로 한 학술대회가 열렸다. 지난 10년간의 기계비평 작업의 성과와 현황을 점검하고 미래를 전망하는 자리였다. 이 학술대회를 계기로 '기계비평'이란 개념은 학술적 시민권을 얻을 수 있는 기회를 얻게 되었으며 질적 성장을 위한 도약과 비상의 계기를 마련하였다. 이후 기계비평의 성과 및 결과물을 출판하려는 움직임도 속속 감지되고 있다.

마니악한 취미와 별종의 행위로 취급되던 기계비평이 대학의 정규 강좌로 진입하고, 출판과 학술 영역의 당당한 한 장으로 편입하는 장면을 이제는 쉽게 목격할 수 있다. 대학에서 강의가 진행되는 일반적 순서인 '연구-저술-강의'라는 일반적 공정에서 비껴서 비평과 강의를 동시에 수행하며 그로 인해 연쇄된 상호작용의 결과 끊임없는 재생산과 확장이 가능한 형식으로 기계비평은 대학 내부로 진입하였다. 제도권 밖에서 시행되다 결국 학술 제도권 내부(대학 정규 강좌)로 진출하게 된 기계비평의 경우는 좀처럼 유사한 사례를 발견하기 어려운 성과가 아닌가 싶다.[13]

기계비평의 도전, 그 열린 가능성

한국에 기계비평이 등장하게 된 시기는 '황우석 사건'이라는 충격적인 과학계의 사건이 발생한 때와 거의 정확하게 겹친다. 황우석 사건은 과학기술에 대한 몰이해와 맹목적 신봉이 가져올 수 있는 온갖 폐해를 드러내며 사회적 충격을 주었다. 정치와 기술이 유착되었을 때 발생할 수 있는 폐단의 극치를 보여주었다는 점에서 황우석 사건은 한편으로 과학과 기술이 우리에게 보내는 엄중한 경고로 느껴지기까지 했다.

황우석 사건의 배후에는 한국의 과학기술이 처한 모든 문제가 응축되어 있었다. 문(文)/이(理)의 고질적 갈등, 국가 주도 기술 개발의 위험성, 기술 숭배의 비윤리성, 기술 지식의 비가시성. 황우석 사건은 과학기술의 병폐에 대한 거의 모든 폭로가 되어버린 희대의 스캔들이었기 때문에 역설적으로 한국의 과학기술계는 큰 변화의 계기를 마련하게 되었다.

사실 스캔들로 드러나기 전까지 '황우석 신화'는 과학기술에 대한 전 국민적 관심을 환기시켰으며, 이공계열

---

[13] 기계비평의 대학 진입과 정규 교과목화의 과정과 의미에 대해서는 오영진, 「교양교육으로서 기계비평의 가능성」, 『쿨투라』, 2015년 가을호 참조.

기피 현상도 어느 정도 완화시켰으며 기초 자연과학 분야에 대한 국가의 지원 강화를 이끌어내기도 했다. 또 한편으로 의학(醫學)을 최정점으로 서열화한 이(理) 계열 내부의 견고한 질서와 위계마저 뒤흔들 정도로 큰 자극이 되었다. 물론 그 신화 자체는 역설적으로 더욱 큰 부작용을 낳기도 했다. 여전히 국가와 자본의 선택과 집중 전략에 의한 과학기술 육성 움직임이 계속됐으며 과학과 기술은 성과주의의 전시물이자 개발 경쟁의 분야로만 취급되었다. 더욱이 파멸로 치달은 황우석의 파괴된 신화는 기술에 대한 비평적 지식이 없는 과학기술은 맹신 혹은 불신만을 낳게 되고 결국 허방을 짚을 수밖에 없음을 만천하에 드러냈다.

비평적 개입이 없을 때 과학과 기술은 그저 거대하고 빈틈없어 보이며 객관적-합리적 지식이라는 불멸의 위상을 누려왔다. 그러나 황우석 사건 이후 기술은 이제 해석과 가치 판단을 기다리는 긴장된 지식이라는 사실을 누구나 알게 되었다. 기술은 자연과 공학의 영역에만 속하는 비밀이 아니라 인간과 사회에 크나큰 영향력을 행사하는 관계망 속의 살아 있는 지식임을 명심해야 한다.

한편 기계에 대한 지식을 확립하는 행위를 인문학의 물신화로 이해하는 것은 잘못된 이해이다. 또한 기계에 대한 풍부한 이해가 곧 인문적 가치의 멸시와 무용론을 증폭시키는 방향으로 연동되는 것 역시 경계해야 한다. 기계비평이 '기계적 지식'이 아니라 '기계에 관한 지식'이 되어야 하는 이유는 바로 이 때문이다. 기계의 비밀은 폭로되어야 하며, 은폐된 기술은 해방되어야 하지만, 인문사회적으로 충분한 '끓기'의 과정을 반드시 거쳐야 한다. 기계비평은 우리가 충분히 알지 못했던 과학과 기술의 복합적 작용과 그 사회적 맥락들에 대한 매혹인 동시에 성찰이 되어야 할 것이다.

기계비평은 기계와 자연, 기계와 인간, 그리고 인간과 기계 및 인간과 인간을 소통시키고 관계 맺게 하는 탁월한 매개자다. 기계비평이 구체화하는 기술 지식 자체가 인간과 세계의 관계를 요소, 개체, 조화의 수준에 따라 조절하는 기능으로 작용했다. 기술이 발전할수록, 기술적 대상들이 구체화될수록 그 조화의 결과들이 만들어내는 의미장은 인문적 가치를 필요로 하는 사회적 관계망과 유사해져간다. 기계비평은 기술의 발전을 반-인간화, 반-자연화의 경향으로 바라보지 않고 오히려 정반대의 운동을 지향하게 될 것이다. 이때 기계비평의 임무는 기술은 인간을 향해 있으며, 그 인간은 기술의 주체가 되어야 한다는 단순 소박하지만 주체적인 명제를 다시 한번 확립하는 일이다.

기계비평은 '컨버전스(융합)'와 정보 네트워크로 특징지어지는 오늘날의 첨단 기술에 대해서도 새롭게 바라볼 것을 주문한다. 가령 산업 시대에는 기계와 인간, 인간과 인간 사이의 개체적 관계가 경쟁으로만 인식돼 소외가 발생하고 소통이 불완전했다면, 스마트 기기와 인터넷이 중심이 된 현재와 같은 시대에는 사회적 배치와 분리를 넘어서는 개체 초월적인 관계가 가능해지면서 기술 지식에 대한 공명과 소통이 더욱 자연스럽게 가능하게 되었다.

또 중요하게 염두에 둬야 할 점은 기계비평이 지금까지 짐짓 생략해도 문제가 되지 않았을지 모를 젠더적 관점을 시급히 갖춰야만 한다는 것이다. 타자기와 냉장고에 대한 비평이 항공모함과 미사일과 관련된 연구와는 어떻게 다르며, 그 다름을 어떻게 내재화하고 있는지에 대한 해명이 시급하다. 기계라는 대상이 남성적 성격이나 가치로만 한정적으로 제유(提喩)되는 한 기계비평의 확장성은 심각한 장벽에 부딪치고 말 것이다. 인간이 모색할 수 있는 사회의 조화란 공동체 구성원 전체의 삶의 구체성에 입각한 것이어야 하고, 그 구체성은 젠더적 관점에 대한 이해 없이 간취되기 불가능에 가깝다는 사실을 기계비평 연구자들은 빠르게 인식해야만 할 것이다. 기계비평을 통해 인간과 기술의 공존 및 합일 개념을 완성하거나 인간적 가치를 탈환하는 일은 기술적 대상들 혹은 기계 환경에 내재한 젠더적 불평등에 대한 해소와 관습적으로 그어진 기계의 성적 분할선을 지우는 일에서부터 시작되어야 할 것이다.

근대사회는 "기계 환경의 자연화"라는 명제만큼이나 '불순한 기술'과 '오염된 기계'로 만연해 있다. 이러한 상황에서 기계비평은 인간과 기계의 상호협력적 공존이라는 목표를 향해 나아가는 방법론이 되어야 한다. 기계비평은 기계를 통해, 세상을 향하는 새로운 인문사회학적 도전이 될 것이다. 그리하여 첨단 기술문명 속에서 살아가는 현대 인간의 문화와 정신을 이해하고 우리의 삶을 새롭게 변혁시키는 실천적 기술철학의 새로운 가능성을 열어줄 것이다.

이미지 출처

24쪽. 『시사인』 제498호, 2017년 3월 29일. ⓒ 시사IN 이명익.

42~45쪽. ⓒ 전치형.

52쪽. 황금비 기자, 「구의역 사고 1주기… 아직도 그들은
  무기계약직이다」, 『한겨레』, 2017년 5월 21일 자.

68쪽. ⓒ 공감언론 뉴시스통신사.

74쪽. 연합뉴스.

78쪽. *New York World's Fair 1964-1965: Official Souvenir Book*, Time-Life Books, 1965.

94쪽. ⓒ 사과 머리.

96쪽. ⓒ 권공무.

100쪽. 「대한뉴스」 제10회(1958). 국가기록원.

108~133쪽. ⓒ 남궁철.

136, 160, 164쪽. ⓒ 장병극.

142, 172, 184쪽. 위키미디어 커먼스.

150쪽. 철도박물관 소장.

154쪽. 『鐵道省運輸局編纂: 汽車時間表』(1925. 4), 181. 개인 소장.

158쪽. 다음카페 레일플러스철도동호회, '뒷내깔'님 소장 자료, 2012년
  게시.

196~206쪽. 제공: 언메이크 랩.

저자 소개

전치형은 과학기술사회론(STS: Science, Technology & Society)을
공부한다. 인간과 테크놀로지의 관계, 정치와 엔지니어링의 얽힘,
로봇과 시뮬레이션의 문화에 관심이 많다. 카이스트 과학기술정책
대학원에 근무하고 있으며, 과학 잡지 『에피』 편집위원으로도 활동하고
있다.

김성은은 카이스트에서 화학을 공부하고 현재 같은 학교
과학기술정책대학원 박사과정에 재학 중이다. 인간과 기계가 함께
움직일 때 생겨나는 기술적, 정치적, 문화적 문제들을 연구한다.
특히 교통망, 무선통신망, 대기질 측정망과 같은 거대한 사회기술적
인프라가 어떻게 작동하고 유지되는지에 관심이 많다. 세월호 참사 이후
과학기술을 활용해 재난을 관리하려는 한국 정부의 정책에 대한 석사
논문을 썼다.

임태훈은 대구경북과학기술원 융복합대학 기초학부 교수다.
인문학협동조합 미디어기획위원장으로 활동했으며 저서로 『우애의
미디올로지』, 『검색되지 않을 자유』, 『시민을 위한 테크놀로지
가이드』(공저), 『한국 테크노컬처 연대기』(공저) 등이 있다.

김성원은 적정기술 운동가다. 하자센터, 삶을 위한 교사 대학,
대안교육연대와 함께 적정기술, 생활 기술, 인문학적 기술 교육을
확산하기 위해 노력해왔다. 현재 (사)한국흙건축연구회 기술이사,
생활기술과 놀이멋짓 연구소장, 크리킨디센터 미장공방 교사,
서울혁신파크 옥상공유지 총괄 코디네이터, 경기적정기술협의회 감사로
활동하고 있다. 저서로 『이웃과 함께 짓는 흙부대집』, 『점화본능을
일깨우는 화덕의 귀환』, 『화목난로의 시대』, 『근질거리는 나의 손』,
『시골, 돈보다 기술』, 『마을이 함께 만드는 모험놀이터』가, 공저로 『삶의
기술: 자전거로 충분하다』, 『사물에 수작부리기』가 있다.

장병극은 철도 문화사 연구자다. 영주공작창이 일터였던 할아버지, 30년간 철도 공무원으로 근무한 아버지 덕분에 어릴 때부터 늘 기차와 함께 살았다. 철도 관사에서 자란 그에게 7000호대의 디젤 전기 기관차와 각종 무개화차들이 수리를 기다리고 있던 철도공작창은 자연스럽게 대차 방식과 삭륜 과정을 터득한 놀이터였다. 2002년부터 서울 오류동의 철도직원자녀 기숙사에 살면서 다양한 연도에 생산된 전철의 둔탁한 구동음을 어렴풋이 구분하기 시작했다. 성균관대학교 동아시아학과 박사과정을 수료하고 한양대학교 에리카 캠퍼스, 서울자유시민대학 등에서 학생들을 가르쳤으며, 현재 인문학협동조합 조합원으로 활동하고 있다. 우리가 처음 철도라는 기계 장치와 조우했던 120년 전의 기억들을 수집하고 정리하는 작업을 진행하는 한편, 오늘도 객차 구석에 앉아 철도 테크노컬처의 형성 과정을 추적하고 있다.

강부원은 성균관대학교 동아시아학술원 연구원이다. 성균관대학교 정치외교학과를 나와 동 대학원 국어국문학과 박사 과정을 수료했다. 현재 인문학협동조합 총괄이사로 활동하며 식민지 시기 문학/문화론을 토대로 법과 문학, 기계와 문화의 관계를 연구하고 있다. 저서로 『팽목항에서 불어오는 바람: 세월호 이후 인문학의 기록』(공저)이 있다.

언메이크 랩은 인간, 기술, 자연, 사회 사이에 형성되는 상호 관계 혹은 구조를 리서치하고 재배치하는 것에 관심이 있다. 특히 그 사이에서 발생되는 데이터와 연산의 패턴에 대한 관심을 가지고 활동하고 있다. 그리고 그 과정이 작업을 넘어 공동의 탐구가 될 수 있는 방법을 찾고 있다. 『우리의 밝은 미래, 사이버네틱 환상』(2017), 『두잇』(2017), 『Moscow Biennale for Young Art』(2018) 등의 전시에 참여했고, 일시적 기술예술 학교 '포킹룸(Forking Room)'을 진행하며 사람들과 생각을 나누고 있다. 현재는 1960–1980년대 한국의 기술 문화에 대한 리서치인 '키트의 사회문화사'와 스마트시티와 IoT에 대한 리서치 '당신의 똑똑한 이웃들'을 진행하며 작업하고 있다.

기계비평들

전치형
김성은
임태훈
김성원
장병극
강부원
언메이크 랩

초판 1쇄 발행 2019년 2월 15일

기획. 임태훈
편집. 박활성
디자인. 워크룸
인쇄 및 제책. 영신사/세걸음

워크룸 프레스
출판 등록 2007년 2월 9일 (제300-2007-31호)
03043 서울시 종로구
자하문로16길 4, 2층
전화 02-6013-3246
팩스 02-725-3248
이메일 workroom@wkrm.kr
홈페이지 www.workroompress.kr
www.workroom.kr

ISBN 979-11-89356-15-6 03300
값 18,000원

이 도서의 국립중앙도서관 출판시도서목록(CIP)은
서지정보유통지원시스템 홈페이지(http://
seoji.nl.go.kr)와 국가자료공동목록시스템(http://
www.nl.go.kr/kolisnet)에서 이용하실 수 있습니다.
(CIP제어번호: CIP2019003506)